教育無界限 補教師資有一套

Education without boundaries
and Good teaching methods

滕公聖、林 敬 著

滕公聖　英文系畢

　　一路走來，始終如一，老師的社會責任，實爲教育再教育，聖經云：「在小事上忠心……」（路16：10），期勉身爲老師的您，兢兢業業，成就教育志業。

林敬　教育研究所畢

　　堅信每個孩子都有無限潛能，特別喜歡用千奇百怪的方式教導學生，不管成效如何，最後還是會輕輕對學生說：「你眞棒！」

陪孩子成就未來

　　在筆者近二十年的補習教師生涯中，一直在這塊園地上努力耕耘，除了看著孩子一路成長的喜悅外，自己也在他們身上收穫許多。這期間正好經歷國內教育的重大變革——教改，對補習班老師也是另一種學習，並不會因教改而讓補教老師失去教育孩子的熱忱，或將補習教育打入黃昏事業，甚至消滅，畢竟在學校老師認真教學下，多數補教老師也非常認真在教育工作，所以「小小燭光、大大發光」，筆者繼續點燃自己，為家長盡教育之力，既然補習教育存在是一個事實，那就應該正面看待，正向面對補教人生。

　　一個人的成長過程中，一路受到各式的教育，父母給予的家庭教育、學校給予的學校教育、親友給予的師長教育、步入社會後給予的社會教育，橫向發展又有許

003

多品格教育、團體教育、美的教育、體育教育……等，因此，以宏觀的角度來看，教育絕不只有學校教育，補習班提供的補救教育也是不可忽略的一環。

面對日益多變的教改政策，補教教師的重要性已非同日而語，在一綱多本的政策下，什麼都得教，在基本的訓練上必須學會歸納與整合各種版本，研發成一套綜合版本，進而朝自編教材邁進，十八般武藝需樣樣精通。

筆者這些年來深深體認一件事，要將補習班經營得好，不在最嶄新的硬體設備，也不在漂亮學歷的師資，更不是一連串的招生活動，而是回歸教育的本質，將每個孩子照顧好。聖經云：「人在小事上忠心，在大事上也忠心，在最小的事上不義，在大事上也不義，倘若你們在不義的錢財上不忠心，誰還把那真實的錢財託付你們呢？」（路十六章10～11節）。以最虔敬的心、最負責的態度辦好教育，將每個孩子視如己出，無微不至，便是經營這行最高指導原則。

希望這本書能夠發揮小小螺絲釘精神，將多年來應用在實務上的教學內容提出分享，希望給補教老師或非補教老師一絲絲助益，如同良師益友。

作者

滕公聖

林敔

Accompany Children to Succeed Their Future

In our careers of being learning center teachers for two hard-working decades, we not only enjoyed children's pleasure not also obtained something from them. Having experienced Taiwan's substantial reform in education and learned new subjects during this period, the learning center teachers do not feel frustrated due to education reform but insist on their enthusiasm for instructing children to prevent learning centers from a sunset industry or even destruction because of most learning center teachers' painstaking devotion to education which is not less valuable than school teachers' instructions. Accordingly, we still continue our careers in this industry for children and their parents by holding the faith of "splendor out of our small candlelight". In view of the fact that education exists in learning centers, we have to treat this industry positively.

In one person's growth, he/she will receive various types of educations such as family education at home, school education, education given by

earlier generations or relatives, and social education in which there are details like character education, in-group education, aesthetic education, physical education, etc. From a macro viewpoint, the sources of educations are not limited to school but further expanded to another indispensible field, learning center.

Different from prior conditions, the learning center teachers are critical to current education in which a teacher has been facing the changeable policy in education reform such as "One Outline, Multiple Textbook" and instructing multiple teaching materials. Basically, a teacher has to self-develop one textbook with comprehensive contents and is proficient in all details by summarizing and integrating different versions of textbooks during training to be a learning center teacher.

We deeply recognize in recent years that a well-developed learning center depends on essence of education, i.e., consideration for each child, rather than brand-new hardware, a teacher's flamboyant educational background, or a series of recruiting activities. The Bible says："The person who is trustworthy in very small matters is also trustworthy in great ones;

and the person who is dishonest in very small matters is also dishonest in great ones. If, therefore, you are not trustworthy with dishonest wealth, who will trust you with true wealth?" （Luke, Chapter 16：10-11）. With piety and responsibility for the education industry, we promise to treat each boy/girl as our own child in every possible way that is the supreme governing principle in this industry.

It is our aspiration in this book to contribute the screw spirit to practical instructions and share any assist to each teacher serving in a school or a learning center as your good teacher as well as a helpful friend.

Teng, Kung-Sheng
Lin, Ching

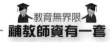

目錄
Contents

班級管理的真義　　056

關心學生從心底做起　　076

帶班技巧　097

當班充量　110

目錄
Contents

貳 Part2　專業補教老師實戰訓練　201

教育訓練與企劃　202

參 Part3　經驗累積，字字珠璣　237

Part1
專業補教老師養成篇
Culture of Professional
Learning Center Teachers

專業知識養成
Development of Professional Knowledge

- 專業補教老師SOP流程
- 高中職、五專多元入學管道
- 您不可不知的十二年國教
- 大學多元入學方案
- 任職補習班開課班別及特色了解

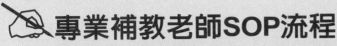

專業補教老師SOP流程

Standard Operating Procedure (SOP) for a professional learning center teacher

　　為了讓品質控制得幾乎一模一樣,幾乎所有的企業體對於相關製造或服務流程必定建立起一套SOP流程,眾所皆知的漢堡店,一份現做的漢堡,從切絲、炸牛肉、放多少生菜、放多少起司、加多少調味料、放多少油、溫度多少,全部皆在控制範圍裡頭,甚至清潔一間廁所也有一套標準的SOP流程。

　　一間優質的補習班,為了建立制度、做好傳承,也應該仿效大型服務業,讓品質如出一轍,舉凡出考卷、輔導學生、電訪都有一套流程,如此就可評估學生學習狀態,學生成績的推估也相去不遠,若有誤差,就回到SOP流程再度檢視是否確實。

補習班參觀及試聽流程

　　前文提過,由於補習班乃教育服務業,一個家長帶著孩子前來了解補習班時,就是招生的最好機會,也是展現補

習班服務品質的一面。一套完整的介紹流程、人員的接待技巧，以及如何滿足個別需求都是一個補習班必備的課題。

　　許多大補習班有一套完整的介紹模式，卻缺少親和力，有了大方向的授課內容，卻在細微處缺少精緻度，這些精緻度小到連摺文宣的方法都有學問。如果十位學生來參觀並且試聽，在正常情形下如果能留住八位前來補習就算是成功，若低於六位就必須好好檢討，並追蹤不來補習或選擇別家之原因。無論擔任櫃檯或者補習班老師都應該設定共同的目標，讓留班率不斷提高。

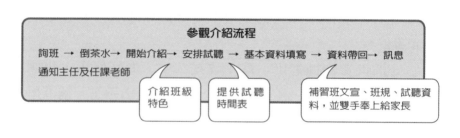

參觀介紹流程

詢班 → 倒茶水→ 開始介紹→ 安排試聽 → 基本資料填寫 → 資料帶回→ 訊息通知主任及任課老師

介紹班級特色

提供試聽時間表

補習班文宣、班規、試聽資料，並雙手奉上給家長

來班試聽流程

課前電話通知 → 老師直接接待 → 提供試聽講義 → 聽後面談新生 → 追蹤關心，與家長雙向溝通

由主任或老師電聯了解後續狀況

教育無界限
補教師資有一套

 ## 試聽講義小撇步

為讓前來試聽者留下最好的印象，
講義的設計都應盡力追求完美。

1. 膠布黏貼背面裝訂處，避免學生被訂書針刺到。
2. 文字內容不印歪、不出線、字型大小適中
3. 版面留白，可做筆記。
4. 完整封套（如**L**夾）包覆。

 ## 文宣資料摺紙小撇步

1. 主標題向外。
2. 對摺時不摺滿，避免蓋住主標題。
3. 由下往上摺時再反摺一半。
4. 頭朝上放入信封正面。

高中職、五專多元入學管道
Multiple-channel entrance

　　身為任教國中或高中的補教教師，對於現階段的升高中及升大學多元入學管道一定要了解相當透澈，對於不同學生的特質便可提供建議，及早規劃。例如有些學生英文強，也有興趣朝文科發展，即可鼓勵在學額外期間多準備全民英檢，許多學校對於學生通過全民英檢進行加分，甚至設立全民英檢的門檻，如此有了這些比他人好的條件，自然加分不少。

高中職、五專多元入學

　　簡單來說，高中入學分為免試入學及考試入學，免試入學以在校表現為依據作為入學篩選標準，考試入學則分為甄選、申請、登記分發三種，主要以基測成績作為評量標準，惟自103學年度起，將開始實施十二年國教，大幅增加免試的名額，減少考試名額，詳細內容將於下個章節介紹。

您不可不知的十二年國教
12-year compulsory education

十二年國教是什麼？

九年一貫國民教育推展至今，培育出足夠水準的技術人才，創造出台灣經濟奇蹟。推動十二年國民基本教育更加帶動整體教育環境的改善與品質的提升，因此，十二年國教的中心思想乃是培養孩子引導他們發展潛能，讓他們在生命中找到適當位置，同時，也讓國家的人才素質得以提升，厚植國家競爭力。

十二年國教主要特色

◆目標

五大理念

1. 有教無類，絕不放棄任何一個孩子。
2. 因材施教，讓每位孩子都能開展自己的潛能。
3. 適性揚才，讓每位孩子在人生的道路上發揮自己的長才。

4. 多元進路，讓每位孩子找到適合的進路，開展自己美麗的人生。
5. 優質銜接，落實各級學校的優質發展，讓國中小教育和高級中等教育順利銜接。

七大目標

1. 提升國民基本知能，培養現代公民素養。
2. 強化國民基本能力，厚植國家經濟競爭力。
3. 促進教育機會均等，追求社會公平正義。
4. 充實高級中等學校資源，均衡區域與城鄉教育發展。
5. 落實學生性向探索與生涯輔導，引導多元適性升學或就業。
6. 有效紓緩過度升學壓力，引導國中正常教學與五育均衡發展。
7. 建立學力檢測機制，確保學生學力品質。

◆實施方式

自103年8月起，將現行的入學方式整合為「免試入學」及「特色招生」兩種管道，先辦理免試入學，再舉行特色招生。國中畢業生75%以上免試入學，25%以下可以參加術科考試或學科測驗，進入高中、高職或五專就讀。

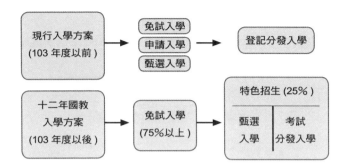

◆免試入學

　　免試入學是指不必參加任何入學考試就可登記學校就讀。同時，國中階段將做好性向探索與適性輔導，學校提供學生性向、興趣及能力結果之生涯發展規劃書，供學生及家長選擇升學的參考。

◆特色招生

　　「特色招生」是指學生可選擇透過考試分發入學（採學科測試）或甄選入學（採術科測驗），進入經各主管機關核准辦理特色招生的高中、高職或五專就讀。

　　本文資料來源：教育部十二年國民基本教育資訊網

大學多元入學方案
Multiple-channel college entrance system

大學多元入學方案流程圖

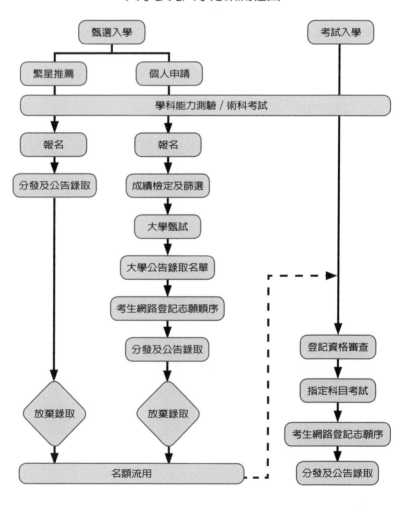

教育無界限
補教師資有一套

「大學多元入學方案」說明簡表

項目	甄選入學		考試入學分發
	繁星推薦	個人申請	
報考資格	1.高中全程均就讀國內同一學校並修滿高一、高二各學期之應屆畢業生。 2.高一高二「各學期學業總平均成績」之平均成績全校排名百分比符合大學規定。	當學年度學科能力測驗、術科通過大學校系檢定標準，可申請符合志趣之大學校系	凡公、私立高中（職）畢業生或具同等學力者，均可以其參加該年度指定科目考試或學科能力測驗、術科考試等各項考試之成績，參加「考試入學」。
報名方式	由推薦之高中團體報名	1.一律採網路報名 2.分為「考生個別報名」及「學校集體報名」兩種方式。	1.依登記資格（含特種生）審查辦法辦理登記資格審查。 2.通過登記資格審查者，始可以當學年度學科能力測驗、指定科目考試及術科考試成績進行網路登記分發志願。
報名校系數	1.符合報名資格之考生僅限被推薦至一所大學之一個學群。 2.高中依各大學設定之招生條件，得分學群推薦符合資格之學生至多各2名，並排定推薦至同一所大學學生之優先順序。	每位考生以申請六校系（含）為限。	每位考生選填之志願不得超過100個。
考試	學科能力測驗	1.學科能力測驗 2.術科考試（部分校系採計）	1.學科能力測驗（部分校系檢定用） 2.指定科目考試 3.術科考試（部分校系採計）

篩選及分發	1.通過各大學校系所訂之學科能力測驗成績檢定標準。 2.依高中推薦優先順序及分發比序項目進行分發作業。 3.第一輪分發各大學錄取同一高中學生以1名爲限。 4.第一輪分發後校系仍有缺額者,再進行第二輪分發作業。	學科能力測驗成績、術科考試成績之檢定、倍率篩選、採計及同分參酌標準由大學校系自訂。	大學考試入學分發委員會依各大學校系所訂招生條件,按「先檢定、後採計、同分再參酌」之程序分發。
各校系甄試	無	1.大學校系得自辦指定項目甄試。 2.各校指定項目甄試辦理時間集中於100/04/01～04/24間週五、六、日同時辦理。	無
公佈錄取名單	由各大學寄發錄取通知單。	1.可列備取名額。 2.正備取生登記就讀志願序後,由大學甄選入學委員會統一份發,每名錄取生至多分發至一校系。 3.未上網登記就讀志願序者,視同自動放棄錄取資格。	「大學考試入學分發委員會」統一放榜

026

限制條件	1.同時符合報考「繁星推薦」及「科技校院繁星計畫」者，僅得擇一報名。 2.分發錄取生不得報名學學年度大學甄選入學「個人申請」及參加「科技校院日間部四年制申請入學」第一階段篩選。 3.未於規定期限內向錄取之大學申請放棄入學資格者，不得參加考試入學分發招生或四技二專各聯合登記分發入學招生。	獲分發之錄取生即取得入學資格。未於規定期限內放棄入學資格者，不得參加考試入學分發招生及四技二專各聯合登記分發入學招生。	未放棄繁星推薦、個人申請、科技校院繁星計畫甄選、四技二專推薦甄選及技優入學、四技日間部申請入學、身心障礙生甄試、運動績優甄試、離島地區及原住民保送甄試、軍事學校正期班甄選入學塑錄取資格之考生，不得報名「考試入學分發」。

本文資料來源：大學招生委員會聯合會
http：//www.jbcrc.edu.tw

任職補習班開課班別及特色了解
Courses and attributes of a learning center

　　一位初至補習班任教的老師，對於補習班的基本狀況一定要先做好功課，最基本的如開設班別，如國中文理補習班，共有英數理化外加國文史地等，哪些科目、共開幾班、補習班組織架構，對於有哪些資源可以運用，增加教學上的方便性，都有莫大幫助。

　　此外，對於任職補習班，其特色在哪裡也是極為重要，有的強調老牌口碑好、有的升學率佳、有的師資超強、有的學費便宜、有的交通方便、有的服務親切……這些基本的認知都是初入一家補習班的老師應該先熟悉的。

　　一位有做功課的老師甚至也能將學生資料加以熟悉，順便記住學生名字就更加完美了，對於想要在這個領域闖蕩出一番成就的老師必有加分作用。

從認識補教教師開始
Recognizing a Learning Center Teacher

- ■ 補教教師與正式教師的差異
- ■ 給補習班教師一點掌聲
- ■ 補習班團隊精神
- ■ 建立一套班規制度

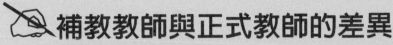

補教教師與正式教師的差異
Difference between a learning center teacher and a formal school teacher

　　進入補教這一行的教師通常是因緣際會，並沒有經過正統的訓練，只是一份工作，全都是實務經驗累積。補習班老師是以時間換取經驗，有些老師在學生時代曾擔任家教，教出了點興趣，進入社會後，自然將這行業當成選項之一，這樣的情形通常以就讀英文、數理科系學生較為普遍。

　　而多數補教老師在補教業者因經濟考量，較少提供完整培訓的情形下，土法煉鋼，鑽研教學技巧與帶班方式，由十人一班、二十人一班、三十人一班，乃至上百人一班，一步一步朝向名師邁進，這都需要累積，成就感也隨之而來。

　　但許多情況是多數人只關注這些名師，光環加持，讓名師更加有名，殊不知補習班仍需靠大大小小螺絲釘組合工作，有一種老師積極靠耐心、愛心換取人數，有一種老師靠「搏感情」換取人數，無論如何，補習班必須要有投資報酬率，因此，補教老師在洪流中能夠安身立命，自是肩負著諸多責任與壓力。

　　相對於學校老師，一般說來，在學校任職的老師稱為正

式老師，培育的過程為就讀師範體系學校或修習師資課程，經過實習、教師檢定、教師甄試一關關通過後進入學校教書，然而，在僧多粥少的情形下，已通過教師檢定成為合格老師卻無法通過教師甄試者比比皆是，目前台灣師範或教育大學畢業生真正進入學校擔任教師者少之又少，大部分學非所用，成為流浪教師，有心者仍年年參加各地的教師甄試，無心者則早早轉行，因此，「鐵飯碗」亦逐漸在式微中。

近幾年來，「補習班學校化、學校補習班化」的趨勢益加明顯，許多大型補習班乾脆以稱學校自居，行政、教學分開，與學校系統一致，二者互相學習其優點，學校教師學習歸納整理、拼升學口碑，用心經營多元的教學模式。但同樣站在教育線上，回歸教育的本質——讓學生受到最好的照顧，沒有任何孩子是落後的，才是補教與學校教師共同的目標。

給補習班教師一點掌聲
Encouragement to learning center teachers

　　補習教育主要在於彌補學校所學不足，因此與學校最大的差異便是與學校上課時間顛倒。學校下課後才是補習班準備開門迎接學子，往往都是華燈初上、燈火通明的時間，抑或一個美好假日的時光，一個補教老師面對的是一群已經奮戰了一天、只剩一絲絲戰鬥力的孩子，或者想著放假卻被父母逼著，因此嘟著嘴心不甘情不願前來補習的小朋友，必須運用無比的力量再讓他們重拾戰力、繼續奮戰、勇往直前，有些孩子到補習班時飢腸轆轆，有時老師還需要幫忙籌劃餐點，補習班老師這時就如同保母，兼顧學業及生活。

　　現今社會大多為雙薪家庭，在台灣的好處是安親班林立，孩子下課後可繼續至安親班接受照顧，讓夫妻倆拼命工作無後顧之憂，而許多安親班即使家長沒有準時來接也會繼續照顧，直到來接為止，這時可能已經延遲了一、二個小時，安親班與家長的默契常建立在這樣人情味的互動中，家長花少少的費用受到的都是物超所值的對待。

　　補習班老師照顧別人的孩子，那自己的孩子呢？筆者也常見許多安親老師將自己的孩子帶在身邊，跟著家長一起下

班，名符其實「以補習班為家」。

當然每種行業皆有其辛苦的一面，很可惜的是，補習班在國人心中印象普遍不佳，更遑論與學校老師平起平坐了，有些人甚至認為補習班是正常教育的絆腳石，欲除之而後快。再者，當補習班自力經營時，在奮鬥的過程中，隨著人數起伏不定也直接影響到教師薪水，當補習班請不起全職教師時，就只能以兼職教師聘用，而兼職教師心態往往只是將此份工作視為跳板，等待找下個全職工作的過度期。因此綜合以上二項因素，補習班經營益顯困難。「永續經營」一詞似乎很少存在補習班，往往經營一代後便轉手或歇業，極少由第二代繼續接手。

其實補習班及補教師需要的只是一個掌聲，讓補習班成為協助學校教育的一環，而非絆腳石，補習教師也是幫忙教育下一代的功臣之一，若政府能夠正視補教教育制度，推動補教教師證，或給予適當補助，讓補習教育通通上軌道，補習班便有能力多聘全職人員，工作有保障的情形下，對孩子的教育也能盡心盡力，一旦補習班能夠永續經營，便能贏得社會的認同，如此良性循環不已。

 **主任小語**

　　年輕人從事教育是個很好的目標，若選擇開補習班，每個細節都須注意，我們要學什麼呢？應以經營的角度去學，經營班級才會有學生，經營教學才會有升學率或口碑，經營家長才會有口才，若是要當老闆就需經營老師才有團隊，可是體力、耐力及活力須保有經常性的戰力。

　　當老師應留下好名聲給人探聽，做事業只許成功不許失敗，當補教名師若目標是為了賺錢，付出就需加數十倍或數百倍，態度決定高度，不要一直想著投資報酬率，需想著永續經營。

　　雖然社會變遷快速，老師還是應中規中矩方能立足，不要忽冷忽熱，要開補習班就好好開，不要明天又想著別的行業，如此永遠只是浮浮沉沉。

教育無界限
補教師資有一套

補習班團隊精神
Team work spirit of a learning center

　　經營補習班的口碑有兩種，一個是補習班口碑，一是個人口碑，個人口碑用在高中家教班，如劉X數理家教班、王XX英文家教班，而國中則較不強調個人口碑式品牌，而是以團隊品牌出擊，原因在於國中教育大於保育，卻還是有一些些保育成分，因此還是以團隊呈現，團隊的力量造就了一個形象，如國立XX大學、XX教學醫院醫療團隊，XX法律事務所團隊，但即使是最優秀的團隊，就能保證團隊裡的每一份子都優秀嗎？其實未必，在團隊裡有新手、有老手，新手在整個組織的羽翼下學習，受到保護，外界對整個團隊的觀感仍然取決於過去建立的形象，個人特質對於團隊影響不大。

　　補習班若大部分皆全職老師，就如同一個團隊般可展現形象，善用此形象可對補習班有整體加分作用，筆者的補習班中午到校接孩子，一律規定老師著白襯衫、打領帶，孩子整隊後以整齊劃一的步伐邁向補習班，由另一個角度來看，想像這樣的隊伍浩浩蕩蕩，吸引許多人的目光，加上有些阿公、阿嬤還幫孩子背書袋、提便當盒，這不正是最佳的活廣告嗎？

用團隊的力量讓一個資深老師帶資淺老師，以母雞帶小雞之姿，所有的團隊成員自然全部都提升了，團隊氣氛也維持和諧的氛圍，對安親教育來說，教育的意義首要整頓規矩，上帝給了人不同的東西，但只有一樣是同樣的，就是時間，讓教育工作者有時間好好地教育孩子，不論資質高低，都有責任將他們帶上來。

　　換言之，一個人的求學過程長達二十年，在畢業後，卻要繼續工作超過三十五年，前面所學的都是理論，等進入社會大學之後，若碰到好的主管，或在團體的照顧下，都應當虛心學習，若一位補教前輩願意在私領域傳授的話，就應當抓住這個機會，跟隨著前輩不記個人得失好好努力。

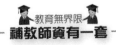

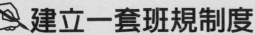

建立一套班規制度
Setup of a learning center's system

　　國有國法，家有家規，主要在約束個人的行為準則，讓制度的運作更為順暢。每個補習班都有不同，可以依據屬性不同、對象不同而制定班規。班規的制定主要可分為行為規範、教學原則、家長聯繫事項及其他事務等。行為規範諸如不准攜帶漫畫、小說、不良雜誌等違禁品上課，又或者不准奇裝異服、不准穿拖鞋上課、不得攜帶食物進教室……等種種規定。教學準則如需準時到班上課、補課輔導原則、試聽原則、考試成績單寄發原則……等。與家長聯繫事項如學生請假原則、補習班聯繫管道、服務事項說明等皆屬於此類。

　　有的補習班為了讓學生家長易懂易記，班規編了一套順口溜，可以朗朗上口，由外而內強化規範，無論何種方法，訂了就要徹底執行，否則形同虛設，當然法制外不外乎情理，經營者可視孩子違反規定之情節輕重予以懲戒，但若異常嚴重，足以影響整體聲譽，大刀闊斧展現決心，這一把尺拿捏往往是補習班經營成敗的關鍵。

教學知識養成
Development of Know-How in Instruction

- 教學需備課、控制時間及進度
- 檢視第二專長
- 善用教具
- 黑白板運用：留白、整齊、字工整
- 講台禮儀
- 儀態穿著得宜
- 課前/課後提示所教過之內容
- 勿勿忙上下課
- 學生小老師分組教學
- 圖像教學較生動
- 小故事大道理來解悶
- 高潮迭起的教學

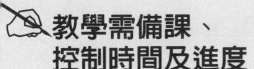

教學需備課、控制時間及進度
Preparation for teaching and schedule & progress control

教學一定要備課，而備課不可只「看書」，而要「讀書」，所謂的「閱讀」，「閱」與「讀」二者兼具，「閱」就如同閱覽，看報章雜誌，速度快，但屬於粗讀，「讀」的學問便大了，一位老師認為他備的是小學的課程，超級簡單，一定懂怎麼教，因此用看的，但事實上，備課應該去想、去做，以國小數學為例，被乘數和乘數是不可以顛倒的，七乘以三和三乘七同樣等於二十一，但意義卻大不相同，在應用問題上老師若稍微不注意便易搞錯，往往這是由於備課時，老師忽略了先由觀念教起，而這觀念是學生非懂不可的觀念。

此外，備課時老師也要設法將內容轉換成孩子的語言，舉例來說，有位老師對學生說：「王小明，你哪時候上床睡覺？」說了幾次孩子毫無反應，老師正納悶時，才恍然大悟，改說：「王小明，你什麼時候上床睡覺？」這小小的差

039

別卻差之千里。有的老師擔心學生聽不懂，講解完一遍後，問學生懂不懂，若有人答不懂，則不厭其煩繼續再講一遍，但仍有人聽不懂，再講十遍還是不懂，這是為什麼呢？就是因為老師沒有重新以孩子的語言或另一種解題方式教他，這都是備課時可以事先準備的。

　　備課還有一項重要的任務就是控制時間，掌握好一節課的長度必須搭配教案，在教案裡包含進度，訂定每段內容的時間長度，妥善運用時間就能依照內容完成授課。而在內容的編寫方面，特別是補習班的授課裡，應有過而無不及，與學校相較，補習班一定要超進度，比學校進度還快，這樣孩子來補習才有意義，原因是補習班除了擔負複習的責任，也需肩負預習的角色。複習與預習是補習教育最重要的一環，補習班先教了孩子，而孩子到學校就容易聽懂了，到了補習班再一次複習，當孩子懂了，對於家長及老師都是多贏政策。

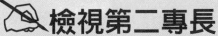

檢視第二專長
Checkup on second specialty

　　現代的補教老師應該是全方位的，除了本質的教學科目外，還需上下延伸到不同程度範疇，例如一位教國中英文的補教老師，往上最好也能教高中英文，往下可以教兒童美語，最好所有加盟教學系統也都能涉獵，無論一至十二級或一至十六級的加盟英語學校樣樣行，除了能融會貫通外，也必定受到學生的青睞，認為老師真是了得。在筆者的補習班裡，前來應徵的教師都須具備二種以上的專長較易錄用，因此，許多英文老師可以教不同階段的英文，許多數學老師亦可以教理化、生物等，教國文的老師亦可教史地等，這類老師相對走路有風，吃得開。

　　除了學術專長，若能跨界到更多元的領域更佳，舉例：除了當老師，最好也能開車，接送孩子、坐櫃台接手行政工作，如此全方位的能力便是為將來有機會自己創業而準備。而這樣的機會可能是由於老師本身任勞任怨的態度逐漸習得，從只有一樣專長學得第二專長、第三專長甚至第四專長，從另一個角度來說，被取代性的機會相對就低許多。

　　有種老師上課上到一半，說：「這題如果你們會，我

041

就變魔術給你們看！」哇！全班為之瘋狂，這位老師藉著這個專長激勵孩子的學習興趣，更重要的是深入了解孩子的文化，孩子現在注意什麼，從而激勵其學習動機，與學生使用相同的語言，得到學生的認同，偶爾像個「孩子王」是身為補教老師必修的功課。

　　當別人只會一樣工作，你卻比他們會更多樣代表你的機會比別人更多，電視上有一批人常上談話性節目，姑且不論這些人的個人觀點，當討論最近火紅的某藝人與某公子哥閃電結婚的八卦評論，到下一份鐘談論某高速公路興建對環境影響評估，到後一秒鐘分享前幾天某外星人到訪遇見東方鬼等靈異事件，往往都能長篇大論侃侃而談，使我們不得不佩服這些人跨界的功力一流，就像一個演員前一刻演出令所有觀眾捧腹的絕妙喜劇，後一刻便令所有觀眾悲傷得痛哭流涕。回過頭來談補教老師，培養多種專長準不會錯的，或許短暫時間比他人辛苦，但當自己準備好時，機會自然會來敲門。

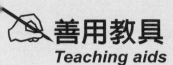
善用教具
Teaching aids

　　傳統的教具，圓規、三角板，乃至於地球儀、拉式大地圖，這些教具有個共同的特徵——笨重。即使一位熟能生巧的老師在黑板上用圓規畫圖都可能汗流浹背，更何況一位新手老師，因此這些教具都一一和我們說再見，以更新更方便的教具取而代之。

　　現代的教具呈現多元化，Power point、實物投影機、電腦等，相對老師也要能跟得上時代，懂得運用這些道具，否則立刻就會慘遭淘汰的命運。試想，同樣要解一題求某同心圓的數學題，老師利用power point搭配電子白板，直接畫圓直接解題，速度都可比傳統圓規畫法快許多。英文老師講解整句式翻譯，也不需費力抄黑板，透過這些道具，哪句對哪句，哪詞翻成哪詞，在箭頭、符號的引導，再加上顏色區塊的化分一目了然。Flash card也被電腦更聰明地呈現，搭配許多動畫飛來飛去，增加更多趣味性，當然這些都需事先在備課時準備充足。

　　無紙時代來臨、無塵時代也來臨，教室也逐漸走向無塵、無紙教室，透過電子書包、電子聯絡簿、網路直接吸收

知識，老師也減少粉筆、白板筆、墨水的使用，減少汙染，也減少吸入身體的機會。

　　一般而言，補習班與學校相較最難呈現的是實驗，但隨著E化時代來臨，如理化實驗、生物實驗也可以以虛擬的方式讓學生一目了然，當然，為了讓學生親自動手操作，有些補習班也充實了實驗設備，呈現各種樣貌，如地球、月球、太陽公轉自轉的關係，讓學生清楚了解上弦月、下弦月、日全食、月全食……等概念，或者地球如何形成等實驗，在在顯示教具研發的日新月異，也增加了補習班更多元的功能。

黑白板運用：
留白、整齊、字工整
Manipulation of a black/white board: marginal space and neat handwriting

　　目前一般補習班，或者學校普遍使用黑板或白板。一般說來書寫黑板較容易工整，反之白板較不易，原因是白板光滑，摩擦力小，筆觸易滑溜，黑板摩擦力大，筆觸易整齊，但二者相較，寫黑板比白板費力，因此各有千秋。

　　現代社會電腦使用普及，接觸手寫機會減少，結果新一輩的學子或初入補習班老師板書字只有「慘不忍睹」一詞得以形容，欲改善此一缺點，可以將字寫大。寫小字易歪曲，字寫大速度變慢，較易寫工整，學生看了也較舒服。

　　書寫時若能以顏色來區分內容的重點可讓學生更能吸收，無論白板筆或粉筆都有許多種顏色可供選擇，建議顏色也不需太多，三種色即可，老師可依習慣依重點程度給予顏色上的區分。

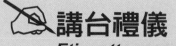

講台禮儀
Etiquette on a lectern

臀部不向學生　走進學生群　個別關懷

（Ｘ錯誤姿勢）　　　（○正確姿勢）

> 擦板擦臀部
> 對著學生

> 擦板擦臀部
> 不對著學生

　　除非你有裴勇俊或金城武的屁股，否則擦板擦時臀部都不應向著學生，一來可以繼續掌握學生的動態，二來可以得知學生抄寫進度。有的老師講完一次擦，有的分批擦，但總是必須有次序性，由右至左或由左至右依個人習慣。

　　老師也切記一個原則，「講的時候不要寫，寫的時候不要講！」因此，當老師講課的時候學生專心聽講，講完要留時間讓學生演練，因此換老師閉嘴，這時老師可以走進學生群中，關心學生的狀況，個別關懷，避免上面講上面的，下面玩成一片或睡成一片。

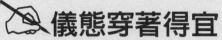

儀態穿著得宜
Dress and appearance

　　傳統的補習班型態著重在教學或安親，老師本身只需要將課教好、將孩子照顧好，其他就顯得次要許多，有些老師一雙涼鞋跑天下、一件T恤通四海，個人門面從來就不是問題，家長也從不計較老師的外在形象。

　　隨著社會的進步，人們也越來越重視包裝、形象，補習班也進入教育服務業的時代，重視企業形象，逐漸地補習班上至班主任、下至老師、行政人員也一律穿著制服、佩掛名牌甚至打領帶，而穿著制服的好處在於讓不專業看起來變專業，專業的看起來更專業。由補習班先做起，相信學校這一區塊也會起而學習，這是邁向制度更全、更專業化的一大步。

課前／課後提示所教過之內容
Pre-class and post-class outline brief

　　一齣精采的連續劇或偶像劇為了讓更多人收看，也讓播出到一半才開始收看的人快速了解劇情，必定會有所謂的前情提要，本集播出前更安排本集預告，播放完畢緊接著下集預告，目的都是為了讓觀眾溫故知新，讓劇情直接「釘」進心中，拔也拔不開。

　　同樣地，學習一樣功課若能做到preview（預習）及review（複習），學習必定事半功倍，身為一位補教教師若能在課前或課後再度重點提示教過的內容，學生的學習也會有明顯的進展。

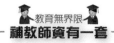

匆匆忙上下課
Instruction in a steady pace

　　過去所謂的「補教名師」為人所詬病，主要原因在於沒有愛心與耐心，一般人的印象總離不開唯利是圖、汲汲營營，上課時間到了才匆匆出現，一下課便又趕往下一「攤」，學生課後有疑問卻無法獲得解答，因為老師已不知去向。當然有些大補習班授課老師與導師是分開制，授課老師負責教學，導師負責解答問題，各司其職。而中小型補習班在成本考量下，授課教師與導師不分開，因此除了教學外，亦須解答疑惑，如此若「準時上下課」就太對不起學生了。

　　無論在補習班擔任全職或兼職老師，上課前提早到班，喝杯茶、迅速翻一遍上課資料，或者讓學生問問題、應付突發狀況等，從容不迫，身心達到最穩定狀態，課才能上得得心應手。下課時也可主動關心學生，解答問題，同時也可主動協助行政事務，甚至可協助指揮交通，讓學生安全離開。

　　用什麼角度來思考一件工作純屬一念之間，有些老師想的只是教學工作，只要將自己的教學弄好，其餘一概認為與自己無關，如此想法雖無可厚非，但相對之下損失許多磨練

機會，這些磨練機會往往比教學更來得珍貴。如果這位老師能夠將思維擴展，認為這就是「我」的補習班，態度肯定不同，對許多事情必定也會在意，讓自己更有責任，無形中可以吸收更多，對補習班而言也會認為這位老師是位不可多得的好老師。

教育無界限
補教師資有一套

學生小老師分組教學
Group instruction by teacher's assistants

　　補習班授課時間分秒必爭，不似學校有較充裕時間，因此分組教學使用的場合較少，多數運用在兒童美語或自然實驗裡。在兒童美語可以利用分組教學進行美語對話（dialogue）或教學遊戲，乃至於分組競賽，學生有了互動便能提高學習興致。自然實驗分組則讓學生有機會輪番操作，彼此合作加深印象。

　　筆者腦海裡對於學生時期所學的〈滿江紅〉這首詩詞至今仍能朗朗上口，一字不忘，就是因為當初老師以分組競賽的方式讓學生背誦，當時的情境仍歷歷在目，老師將學生分成兩組，一組唸上句、一組唸下句，唸完一遍後交換背誦，接著再以推出代表方式個別挑戰，如此一節課下來就能滾瓜爛熟，這樣採取平行式教學的模式效果奇佳。

　　另外還有一種學生帶學生的模式，也可收到相當的效果，例如兒童美語，由年紀較長的哥哥姊姊帶弟弟妹妹，有責任感的哥哥姊姊會對弟弟妹妹說：「你要注意聽，否則你就⋯⋯」就像老鳥有交代，菜鳥要忍耐的口吻，反而可增進學習效果。

圖像教學較生動
Graphic instruction

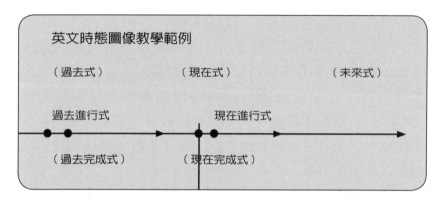

英文時態圖像教學範例

（過去式）　　　　　　（現在式）　　　　　　（未來式）

過去進行式　　　　　　現在進行式

（過去完成式）　　　　（現在完成式）

「來……我們來畫一條直線，這條數線右邊是正數，左邊是負數，換成英文後，中間這一點是現在式，右邊是未來式，左邊是過去式，如果在過去的時間拉一小段線，在過去的時間叫做過去進行式，如果從過去的時間拉一個點拉到中間，則為現在完成式，代表過去一直持續的事情到現在……」老師在黑板上畫出這樣的圖形，輔以解說，搭配例句，比起憑空說明這些時態原理，學生更易於了解。

有些教師特別擅長圖像或表格教學，運用在地理、歷史、國文……等科目比比皆是，的確，學生經由這樣的解說理解功力大增，更甚者有些老師運用圖像教學時為了增

加一些趣味，將「人物」放進去，產生身歷其境的感受，例如：「小明在台灣要了一瓶長生不老藥遭到追討，跳下海開始游，游了十天終於游到了大陸，上岸後，馬上就被人用槍指著說：『不要動！』咦！怎麼這麼熟悉的聲音，喔！原來是阿嬤在說的閩南語，所以福建省簡稱『閩』，然後往北邊繼續逃呀逃，逃到一個地方，怎麼聽不懂他們講的話，喔！原來是福州話，這裡就是福建省會福州市⋯⋯」老師一邊說明一邊畫出地圖，學生們立刻記住，如果讓這故事有個延續性，以幽默口吻來結束，如「小明後來情急之下將長生不老藥喝下去，才知是一瓶蠻○飲料，白忙一場⋯⋯」這樣不同的結局讓學生莞爾，這就是圖像教學的利處。

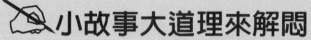
一堂九十分鐘的課程必須要創造幾個梗穿插其中，所謂的梗可能是一個笑話，或者一個小故事激勵學生。若沒有這些梗，補教老師求好心切衝衝衝，結果可能是台下倒一半，睡著了。如同連續劇的廣告時間，讓節目及觀眾也喘口氣，這是一種雙方認可的默契，人不是鐵打的，補教老師必須保養身體，保存體力應付更多課程，因此，藉著稍微喘息時間，偶爾偏離主題講個笑話不可或缺。

至於這個故事或笑話的內容是否需要花很多時間準備，講的時間如何安排，沒有一定的規則可循，全憑自己與學生的默契，視上課狀況而定。有的補教老師上課看到學生已經快不行了，就開始講起「剛剛在來的路上，遇見有個老婆婆向我問路，結果問的是我家，這老婆婆原來是多年不見的姨媽……」將自己的生活經驗分享也是一種方式，並不需特別準備。

有的老師為了獎勵學生，當做完一題很難的數學題時，老師便說「有一隻狗在路上走，遇見一輛車駛來，猜一種飲料……」類似這種冷猜謎或冷笑話，多準備幾個無妨。

高潮迭起的教學
Splendid instruction

　　就如同欣賞一齣戲，讓人意猶未盡的總是最後的高潮起伏，觀眾看得很投入，但時間也到了，下回分曉。同樣的，一堂課也需有這樣的效果，當學生聽得津津有味，老師講得口沫橫飛時，老師立刻說：「來，聯絡簿拿起來！」見好就收，讓學生有期待的心理，因此，精彩的招式放在最後，將學生的情緒帶到最high的境界後，一次了結，個個意猶未盡，這樣的老師就成功了。

班級管理的真義
Significance of Class Management

- ■ 管理的精髓
- ■ 耳聽四方、眼觀八面
- ■ 有賞、有罰、有公信、持之以恆
- ■ 勿參與小團體
- ■ 好動學生需漠視
- ■ 表演慾學生當幹部
- ■ 秩序約法三章、不體罰
- ■ 男女有距離、勿接觸肌膚
- ■ 安靜眼神法

教育無界限
補教師資有一套

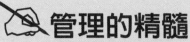

管理的精髓
Essence of management

　　一所補習班在學生的管理上不像學校有專職的訓導處專門處理這些「鳥」事，大多是由補教老師或班主任親力為之，軟硬兼施，以期收到功效，因此，長期下來，補習班自己必定建立一套自己的學生管理方式，這套管理模式不外乎下放至班級，由補教老師直接建立班級經營管理，班級老師身兼教學與管理的帶領者，而如何建立這套良好的學生管理，最重要的乃是老師的身教。所謂身教大於言教，正是回歸教育的本質最好的良藥，為學生建立典範，讓學生仿效學習，管理就成為很簡單的事。再者，對於學生秩序的控管，老師如何盯緊學生，這是以下要討論的重點。

耳聽四方、眼觀八面
Observant & alert

　　許多家長對老師說：「老師，拜託你對我的孩子嚴一點，我的孩子都可以打……」依據經驗，越是說可以打，越是不要打，因為打可能已經對這個孩子沒有效果了，反而造成暴力相向，何況，補習班也應該遵守嚴禁體罰的規定。既然不可以體罰，老師就必須另有法寶，最簡單的就是盯好學生，一位有經驗的補教教師能夠「眼觀八面，耳聽四方」，隨時掌握底下學生的動態。

　　不論班級的大小，眼睛必須直掃到教室最後的兩個角落，與視線形成二個對角線，在這範圍內的學生全都一覽無遺，而非只照顧前面幾排學生，此外，避免一國兩制，所謂一國兩制即是在同一課堂上程度較好的學生老師給予特別關愛，程度較差的學生卻刻意忽視，穩當的做法應是針對這些程度上落差的學生在課後留下輔導，而程度好的學生課後進一步演練。

　　一位老師應隨時留意當節的教學進度外，統一的指令也是重點，老師說：「同學，全部翻到45頁。」就像新兵入伍，一個口令一個動作，務使學生接收到同一個訊息並完成

動作。日後老師提升了這些敏銳度之後,就會逐漸養成一種習慣,這些基本動作做到之後,班級秩序便能輕易掌控,不再是只有「吵」的印象。

有賞、有罰、
有公信、持之以恆
Rational and constant reward and penalty system

　　賞罰是進步的動力，老師給予成績優秀的學生犒賞是一種獎勵，但記得也須給成績落後但有進步的學生獎勵，有的以獎學金犒賞，有的是文具用品，有時避免一些困擾，全以物品取代現金，視情況而定。

　　如何施予學生有效的罰則也是一門學問，無論課文唸十遍或句子抄十遍，最重要的是，身為老師應有公信力才能服眾，並且持之以恆，有的老師說好要罰學生，時間到了卻未執行，長期下來學生心存僥倖，故態復萌，公信力蕩然無存，將來老師想再建立威信必定難上加難。

　　其實有些老師並非忘記罰，而是懶得罰，一到下課便匆忙離開，忽略這影響甚大的工作，學生漸漸看穿老師只是紙老虎一隻，很快民心便四散了。

　　在賞罰的拿捏上，也需做到「揚善於公堂，規過於私室！」有些號稱教學經驗豐富的老師，容易犯下「規過於公

堂，揚善於私室！」同樣是處理學生的對與錯，前者保有孩子的自尊，讓學生有繼續學習的動力，後者卻對學生的自尊造成嚴重傷害。

　　法外不外乎有情，為了取信學生，老師或許可以針對事情輕重網開一面，法外開恩，但絕不是不罰，有時為了顧及學生自尊，老師可課後留下單獨處罰，讓事情圓滿解決。

勿參與小團體
No initiation into a clique

　　古時候有朋黨、外戚干政，顯示小團體的力量不可輕忽，若這力量以正向方面影響整班風氣，對於補習班或孩子來說都是一大利，若以負面發展，則將使補習班永無寧日。有時孩子的小團體並非大人可以掌控，老師應採取關心而不介入的態度，維持一貫中立立場，不隨風起舞。

　　有些老師關心過深，反而造成反效果，例如有位老師對學生說：「王小明，你為什麼討厭他，我看你們倆平常不是很好嗎？我來跟他說，不要再有芥蒂……」，或者「李靜柔，看的出來王大剛喜歡妳，妳為什麼不理他，就給他機會嘛……」，無論介入學生的情感或介入八卦都是極危險的事，畢竟學生之間的人際關係自有一套解決方式，有時前一刻還爭得你死我活，這一刻已經稱兄道弟，老師還一頭霧水，若老師被歸為兩派之間的某一派，則易淪為鬥爭的目標，因此，公平不阿、一貫的中立才是保身之道。

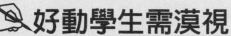

好動學生需漠視
Indifference to restless students

　　許多學生在上課愛講話、注意力不集中、同學的東西隨手就拿，也有的學生像條活魚離開水面，在座位上亂亂竄，請他起立回答問題，又心亂如麻，像個稻草人不發一語，老師百般喝令不要吵鬧，學生不只沒有改善，反而變本加厲，老師卻終究無法控制住情況。

　　在許多情形下，學生為了引起老師注意，卻又找不出其他方法，吵鬧不專心便成為最直接引起注意的方式，當老師趨近管這件事，便達到學生的目的，因此，在某些情形下，漠視學生吵鬧的行為，讓學生「沒搞頭」，讓學生覺得吵鬧是件無趣的事，想引起老師注意靠這方法無效，同時也易被同學孤立。

　　有些學生好動的程度已經超乎想像，老師用盡任何方法似乎都不太能夠控制住學生的脫序行為，這些行為需要靠特殊教育的方式對待，或許已經屬於另一個範疇，有這些症狀的孩子不一定會送來一般的補習班，但仍將一些特殊症狀的孩子簡略介紹如下。如果老師真的遇上了，就應該勇於面對，有個老師曾說：「如果我哭了，就是我輸了！」這就是身為老師面對這些狀況時應有的精神。

過動兒

對初任的教師而言，班級裡有過動症的學生是一項挑戰，有時甚至是教學生涯中最大的挑戰。當然，尋求「外援協助」也是正確的方法之一。「外援」可涵蓋家長、行政人員、醫療團隊、復健專業團隊，或是有專業輔導經驗的教育工作者等。

特質	說明
介紹	過動兒通常指這些孩子出現注意力缺陷、活動量過度及容易衝動等。這些症狀明顯干擾到家庭及學校生活，而影響其學習、人際關係、情緒等。由於這類孩子，在智能及外觀上看起來並無明顯的障礙，容易被外界忽略其需求，也因其行為表現經常被誤解為壞小孩或不聽話的孩子。
特性	1. 注意力不足：常常不注意細節，做功課或其他功課時常粗心大意且無法持續專注，常常無法照著指示去做，且無法完成功課或一樣該做的小事，做事時沒有組織條理。 2. 過動：常不安的玩弄手和腳，或是在座位上局促不安，在教室經常離座，或是在應該坐著的場合坐不住，或爬上爬下。 3. 衝動：常在問題未問完搶答，在遊戲或全體活動時，很難耐著性子排隊或輪流活動。
治療情況	透過多元的方式，如行為改變，獎懲制度，情緒管理，社交技巧訓練及藥物輔導改善

妥瑞氏症

在一般的班級，如果有看到學生一直眨眼睛，又屬於長期性的行為，而非眼睛疾病，那麼這位學生可能有妥瑞氏症，這些症狀的發生屬於先天性，一般的行為處理不一定能夠收到成效。

特質	說明
介紹	妥瑞氏症有非許多症狀，其中較普遍的是突然、短暫、無意義的動作。例如：眨眼、眼睛動作、裝鬼臉、鼻子抽動、噘嘴、搖頭晃腦、聳肩、緊縮肚皮、手腳晃動、手指移動等，此外，持續地看著某個東西、碰觸東西或別人、跺腳、模仿別人的動作、猥褻不雅的動作都屬之，再者，清喉嚨、咳嗽、擤鼻涕、吐口水、發出尖叫聲、似犬吠聲、似豬的咕嚕聲、吸吮聲也是主要的症狀。
特性	1.不專心：常常遺忘工作上或活動上所必備的事物。 2.過動：坐立不安且手及腳在座位上蠕動，過度的講話。 3.侵略性：難以處理挫折及怒氣，攻擊別人，撞擊、踢或咬或丟東西，在某些場合他們會傷害自己。 4.睡眠異常：難以入睡、淺眠、夢遊、夜晚驚悚、尿床等。
治療情況	妥瑞氏症的治療通常是選擇藥物療法，另外，自我監督、放鬆訓練、及教導去確認和防止因疲倦引起症狀的加劇。

065

自閉症

　　自閉症的行為或許在一般補習班較不常見，除非屬輕微症狀，否則由於其嚴重的人際關係障礙，家長送往特教機構學習較多。

特質	說明
介紹	觀察自閉症的孩子很容易就發覺其異狀，包括不理人、眼神閃躲、我行我素，不了解社會規範，不容易主動和人產生互動、缺乏參與合作性團體活動的能力、缺乏有效與人交談及體貼、同理心等情緒表現。
特性	1.口語表達能力障礙：有口語表達能力者，常有你、我、他等代名詞混用、語法錯誤、語言發展遲緩、缺乏自發性語言、代名詞、抽象語言使用困難等問題存在。 2.面無表情：較常人平板、無變化、缺乏情緒的融入。 3.行為異常：極度固執，操作身體某部位而達到焦慮解除、快感獲得等目的的持續反覆的行為，如搖頭、晃手、敲手等等。
治療情況	嚴格說來，自閉症尚無有效的治療方法，但適度給予生活上的協助可以降低孩子壓力，如創造合適的學習環境，反覆練習及增強原理，多樣化多變化的路線安排讓其知道環境非一成不變。

亞斯柏格症

亞斯柏格症的孩子如果導向正面，發掘其興趣，常會有意想不到驚人表現，但這需要有耐心及愛心的家人及師長一起陪伴，度過學習的階段。

特質	說明
介紹	亞斯柏格症所表現出來的狀況和自閉症很相似，因此也有人稱亞斯柏格症的孩童是高功能自閉兒。但其實兩者之間還是有其差異存在，最大的差異在於亞斯柏格症兒童在語言發展上可以幾乎與正常兒童一般，甚至可與人對答如流。 對有興趣的事激烈的專注，因此他們很容易在某方面培養特殊才華。例如對數字有興趣，可能成為數學家；對拉小提琴有興趣，可能成為音樂家。
特性	1.社交能力不良：通常在與其他孩童相處時常出現尷尬的情形，自己不知如何是好。因此在交朋友上有些困難；而這方面會隨著年齡的增加而變得更糟。 2.異常的重複性行為：亞斯柏格症兒童會不斷重複的出現異常的行為，例如不停的玩弄手指頭、把自己的手扭來扭去等等。 3.固著性強烈：執著於某種習慣，很難有所變動。例如穿衣服一定要先穿右手再穿左手，一旦不留意先將左手穿進袖子，他們會生氣、焦躁，並且堅持脫掉重穿。 4.溝通困難：臉部表情較少，也不善用肢體語言來做表達。有時對他人說的話會有理解上的困難。 5.對某事過度的有興趣：對某事產生興趣後，會開始專注、甚至到過度的興趣。例如，他喜歡時間，他會不斷的過度的專注在時間上面；可能會不斷的談論或是提出與時間有關的事情。他可能會不停的說「六點要吃飯」「一點要睡覺」「三點放學」「九點睡覺」等等。
治療情況	除了藥物治療外，通常會從行為治療、親職技巧訓練、人際關係團體治療等方向介入，但是孩子在不同的年齡層，其行為表現的差異相當大，所以，在協助孩子時，會因年齡的變化而做相應的調整。

067

學習／發展遲緩

　　在一般補習班有時也可以看到學習遲緩的孩子，閱讀及書寫能力遠遠落後其他孩子，記憶力不佳，常常剛學的東西很快就忘記。

特質	說明
介紹	閱讀、表達、寫字、記憶力……等不同的能力在學習上有障礙導致難以學習。
特性	1.注意力短暫，學過的字或英文單字很快就忘記。 2.閱讀能力欠佳：許多字不懂，念書很慢。 3.較喜歡例行的、具體的活動，而較難做抽象的思考。
治療情況	須經過長期而有系統的訓練，此外，可引導多發展手工、機械或美術天分。在遊戲上、做工或運動方面也可培養。

情緒障礙

在補習班裡有情緒障礙的學生往往也讓老師頭痛不已，這些學生就像一顆不定時炸彈，隨時會上演勁爆秀，將班級搞得七葷八素，老師可多研究這類孩童的狀況，以備不時之需。

特質	說明
介紹	泛指兒童或青少年持續性的表現外向性的攻擊、反抗、衝動、過動等行為，內向性的退縮、畏懼、焦慮、憂鬱等行為，或其他精神疾病等問題，以致造成個人在生活、學業、人際關係和工作等方面的顯著困難。
特性	1. 焦慮：緊張、失望和不安。少數孩子的焦慮反應在程度上較為強烈，會出現沉默寡言，遇事過分緊張，甚至心悸、呼吸困難或呼吸加速、出汗、手抖、噁心、拉肚子、頭痛、頭暈、食欲不振、頻尿、便祕等。 2. 畏懼：怕動物、怕火、怕水、怕高、怕血、怕陌生人，抽象概念如怕死、怕被誘拐等。 3. 亂發脾氣：在個人要求或欲望沒有得到滿足時，便會出現哭鬧、尖叫、在地上打滾、用頭撞牆等發洩不快情緒的過火行為。 4. 其他：懼學症、分離焦慮症、過度焦慮症這類皆屬之。
治療情況	1. 減少壓力：了解學生與老師、同學的互動，用行為增強的方法來減低學生的拒學傾向。例如：學生按時交作業時老師給予糖吃，因按時交作業的行為，此例是正增強策略的運用。 2. 個別輔導：試讓孩子想想，怕什麼？焦慮什麼？並教導孩子如何處理焦慮感。 3. 父母諮商：了解父母與孩子的互動，是否孩子過度依賴或父母過度保護，是否父母自己處在焦慮狀態中。 4. 藥物治療：嚴重的焦慮狀態可考慮用藥。

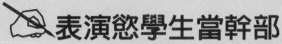
　　這個時代選秀節目趨之若鶩，成為時下年輕人可以一展長才的舞台，每個人搶盡風頭露臉反映了表演慾的激發，想成為明星的夢想，在補習班也有此類學生，老師擅於讓這些學生有所發揮便成為班級秩序的助力，不擅於處理就容易變成阻力。當然有些類科較容易引導學生，如兒童美語，老師給表演慾強的學生上台唱首英文歌，手舞足蹈帶動氣氛，讓學生完全融入，有的補習班仿照選秀節目舉行活動，如「百萬歌星XX競賽」，競賽兼顧了台風、儀態、動作，成為學生最喜愛的活動之一。

　　老師若能夠在教學內容上技巧性地安排學生表演，成為學習的一環，將激勵這類學生主動學習，當然，若無法適當套入，則需另外尋找機會，讓這些學生還是可以有所發揮，例如當幹部、小老師等，讓這些學生有責任感，有事可做，當然這些幹部人緣要好才能服眾。

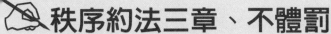

秩序約法三章、不體罰
Apple-pie order without corporal punishment

　　家有家規、班有班規，補習班秩序的控管因班級而不同，也因個別學生而不同，簡單來說就是看這位學生喜愛什麼或怕什麼，例如對某位學生，知道他的最愛是航海王故事書，老師可以說：「張瑞濱，你看這是什麼，最新一期的航海王喔！老師今天特別送給你，這是我信任你未來這兩周會表現很好的禮物，我們先約法三章，若你表現很好，表示你有按照我們的約定，若沒有，我就要將給你的故事書討回了，以後我就不再信任你了……」可以用方法剝奪孩子喜歡的東西，但不能恐嚇威脅。

　　每個班級狀況不一樣，秩序好可以獎勵，不好約法三章，例如有些補習班班規有一條，規定不能穿拖鞋，穿拖鞋來表示不禮貌，當大家不穿拖鞋時，全班力求整齊化，學生帶書包，裡頭有連絡簿、課本、鉛筆盒，以團體的約束力使學生服從教導，但絕不可體罰，有的學生刻意製造師生的衝突矛盾，老師摸頭學生回家說打頭，老師叫學生蹲下，回家變成說跪下，若沒有實際證據，老師有時只有吃悶虧。有時一套規範可與學生一起討論，讓制度更有人性。

男女有距離、勿接觸肌膚
Gender difference without skin touch

　　許多細節上老師都應特別注意性別上的禁忌，尤其是男老師對女學生，例如帶女學生過馬路，原則是不拉手或搭肩，可以拉書包或書袋，更何況是年輕老師，面對情竇初開的少女，切記不要做私下普通朋友，因為社會責任是老師，與學生好要好在教學面，學生可認為這位老師是很棒的解題老師，也可以是傾聽的老師，可是界線是不可摸頭、抱抱，或私下約出去。

　　老師與學生最忌擦槍走火，與學生發生不必要的情感糾葛，許多老師一開始皆拍胸脯保證：「不可能的啦！再怎麼樣我都不會對這些小毛頭有興趣……」自認為與這些學生年齡差距甚大，絕不可能有事發生，但許多錯誤的發生皆是在不知不覺的情境下往偏門發展。

　　例如，有位女學生向男老師要手機號碼及MSN，表示要向老師請教功課，老師不疑有他，隨手抄給她，女學生回家後果然打了一通電話，請教當天老師教的功課，老師還誇讚學生好學，往後的幾天學生也不定時打電話請教功課，老師仍不疑有他，只是覺得納悶為何學生不在補習班一下課直接

詢問，但沒有想太多，又經過了幾天，在自己的MSN上，這女學生出現了，向老師噓寒問暖，也提醒老師不要太勞累，往後幾天偶爾都會在MSN上遇見，這學生關心程度就像較親密的朋友，用的語言也逐漸親密，但老師始終不在意，網路上的溝通也由文字訊息不自覺轉化為視訊模式，女學生因關心而誤會，這位老師也逐漸把持不住⋯⋯最後對方家長鬧上法院，老師最終身敗名裂，悔不當初。

老師一步步踏入溫柔鄉的例子不勝枚舉，明哲保身的方法即是不製造任何機會，不要輕易留手機、email、MSN給學生，若必須留則只留補習班電話，對學生的輔導也盡量在補習班進行，一對一輔導學生也切記幾個原則，盡量不要獨自與一位學生在一間教室內，若必須如此也絕不可關門；同時，避免併坐，應與學生對向坐，減少身體接觸的機會，再者，若可，也盡量選擇坐在攝影機可以監視之處。若女學生穿著太暴露，老師絕對有責任告訴她穿好，或直接拿外套讓她暫時披上，讓刻意欲引起注意的學生自討沒趣。

老師也避免私自帶學生出去，有時老師為了與學生建立良好關係，或設法讓舊生拉新生前來補習，於是利用假日與學生邀約一起外出，本來這樣單純的想法不為過，但萬一發生意外，後果將不堪設想。有個例子是這樣的，有位老師在沒有向補習班報備下與學生邀約至郊外烤肉，結果因為酒精膏使用不慎造成學生嚴重灼傷，結果是老師必須負起全責，

在沒有保險的情形下全由老師買單，這事件也因此讓補習班聲譽損失極大，老師也遭到開除的命運。

　　本來一樁美事卻是以悲劇收場，主要原因是老師過於單純，未考慮許多事件背後複雜的因素，因此，若能配合補習班活動一起行動是最妥當的方式，例如各項競賽或教學活動，無論野外或室內，補習班必定有完整規劃，包括保險（公共意外險）、醫療設施、人力分配……等，同時也可能讓家長參與，或立下切結書，老師不須承擔這麼大的責任。

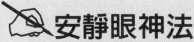

安靜眼神法
Tranquil expression in your eyes

　　有些老師一個眼神就能夠鎮懾住所有學生，使其完全不敢妄為，最厲害的下一掃，全班鴉雀無聲，在眼神對眼神的對峙中，作賊心虛的學生深怕被老師銳利的眼光盯上，一不小心就會被盯得滿頭包，流血不止。這樣不用打、不用罵的教育方式煞是迷倒了許多菜鳥老師，孰不知這些都是經過長期的訓練，與學生培養深度默契後的成果。

　　這些都需歸功於一開始老師在班級就建立了一套規矩，當老師與學生在摸索期時對於一些指令就有了明確規範，例如手一舉起便安靜，老師轉身向黑板便正襟危坐，學生習慣後自然遵守，漸漸地手勢及動作也免了，老師的眼神就代表了一切，循序漸進引導學生遵守這些規矩，一個班成功，第二班也相去不遠了，漸漸這位老師的威信便可鞏固不摧了。

075

關心學生從心底做起
Genuine Consideration for Students

- ■ 對新生的關心
- ■ 個別了解及面談，延伸至別班
- ■ 電聯家長
- ■ 與學生多談心，指引正確方向
- ■ 注意每次成績，考試即回饋
- ■ 讚美學生及家長
- ■ 流失學生即聯絡，探討原因
- ■ 時時檢視點名冊，提高本身溫度計
- ■ 同理心情展誠意
- ■ 班級經營的微細差異

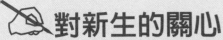

對新生的關心
Consideration for rookies

　　關心學生由這位學生踏入補習班做起，讓一位新生踏進這個陌生環境就能備感溫馨，櫃檯必須有專人關心，主動帶領至班級，讓學生感受其親和力，這時班級也事先有了安排，第一排座位留給新同學，或安排坐在認識的同學旁邊。老師上課時除了掌握全班動態外，也需以眼神餘光關心，課程結束後，再由行政人員自教室帶出。

　　這時老師進一步與學生聊聊，藉此了解學生對課程的了解情況以及家庭背景，最重要的是了解學生成績，就如同一位醫生，病人就醫前先診斷病情，詢問其病史，老師也是一位教育的醫生，老師了解學生的成績之後，也可進一步詢問，如：「在家裡誰在指導你的功課呢？」老師了解學生的家庭學習狀況後，就大致可以對症下藥了。

　　對於新生來說，大部分都是由舊生帶來，也可能是由一整個舊生族群帶來，當老師關心這整個舊生族群，再藉由這些舊生來關心這位新生，新生很快就能融入，這稱為補習班向心力。一家補習班成功，絕不是只有學生來補習，而是擁有學生的向心力，一致的動作、一致的規矩，無非就是使學

077

生接受團體的約束，因此，維繫住族群的向心力就等於維繫住補習班基本命脈。這時，無論在經營管理上，或在學生輔導上都可以順利進行。

　　此外，馬上記住新生的姓名以便下次來時立刻就能夠叫出，筆者永遠記得小學時在一次朝會，被校長當眾叫出自己的名字，這代表被師長的重視，比任何獎勵更有價值。

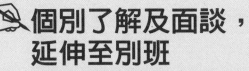

個別了解及面談，延伸至別班
Individual understanding and interview over all classes

只關心與自己較好的學生或較優秀的學生，卻忽略其他表現較不突出或沉默寡言的學生，這是一般老師患的通病，對學生的關心若變成偏心，則不如不關心，有些老師深知此點，也想好好關心這些易受忽略的學生，卻不得其門而入，因為困難的是這些學生始終沉默，只對老師微笑、點頭、搖頭，要如何讓這些學生敞開心胸，開口與老師交談則是一門藝術。

稱職的老師首先是個稱職的導師，定期對學生實施個別面談可分為正式與非正式，正式即是在時間安排內坐下來好好談，非正式面談則較類似輔導方式面談，關心也可利用許多零碎時間，如乘車時間、等家長時間，不妨以聊天的方式，與學生天南地北聊，個別了解家庭背景或以前分數，藉此解析一些蛛絲馬跡，也可找一些相同的話題，如共同認識的學校同學或老師，老師亦師亦友，主動說：「聽得懂嗎？

還好嗎？還習慣嗎？」將學生心裡的緊張感或陌生感降到最低。

切記，不管哪一個科目，要先讓學生喜歡老師才會喜歡這科，才有動力向前學，若學生厭惡老師在先，這一科也很難學好吧！

此外，在團隊教學裡，互相拉拔是必要的，當這位老師取得學生信任後，也要讓學生信任其他科目老師，英文老師要說數學老師教得好，數學老師要說理化老師教得好，為其他老師站台，提高學生再選擇補其他科目的機率。例如，一位數學老師與某位補單科的學生交談時，試問：「你英文好嗎？在哪裡補習？」若學生願意說，可以繼續說：「我們這兒的英文老師也是一級棒喔！你可以來試聽看看！」但語氣和緩，不勉強學生，避免學生反感。

電聯家長
Phone calls to students' parents

　　前面已經談過許多對新生的關心，除了對新生本身的關心之外，對於家長，則應於學生來上課或試聽當天或48小時內連絡。與家長聯繫，應做最好的傾聽者，有些老師以為學生來補習班上課，將他的課業顧好就可，何需要了解家庭狀況，但因為每個家庭背景不同，家庭經驗也影響孩子甚鉅，對於學習發展也非同小可，聆聽家長的心聲或建議，可以做為對孩子教學的參考，因此，家庭這一區塊非老師可以全盤掌控，更應花心思關心。

　　與家長溝通時，讚美大於責備是不變的原則，對家長的稱呼由「小明媽媽」開頭，而不稱「王太太」，現代家庭呈現多元，有時我們不知道這是否為單親家庭，在未確認前應謹慎行事為宜。

　　不管如何，先讚美孩子，如：「我發覺您將孩子教得很好喔！很有禮貌，見到人都會打招呼，也很聰明，能夠舉一反三，只是有時上課過於興奮會小小出槌，愛與同學講話……」就算優點只有一點點，缺點一大堆，還是先以讚美優點開頭。有時隨口一句：「你很帥，爸爸也一定很

帥⋯⋯」孩子可能回家轉述，間接也稱讚了家長，但切記絕不可虛僞，虛僞反而弄巧成拙。與家長聯絡完掛上電話前，或許可以加上：「我們還有什麼可以幫的？」，或「我們還應該注意些什麼？」這是達到雙向溝通最好的方式。

　　有時若漸與家長熟稔，交談的層面可更加深入至心裡，如：「您有多久沒和她說話了？」或以朋友口吻：「小華媽媽，像上次您放手讓孩子去嘗試自己完成那份工作，您就做得很好，我爲您拍拍手，希望下次您也可以再多放手讓他去完成。」

　　透過聯絡簿或電話，都希望與家長做好溝通管道。

教育無界限
補教師資有一套

與學生談心，指引正確方向
Heart-to-heart talks with students for correct behaviors

　　社會多元，老師肩負的責任也多元了，面對層出不窮的社會問題，老師的角色已經不只是課堂上傳授知識的老師，進一步更應擔任學生的心靈導師，筆者見過許多家庭問題衍生出學生問題。學生來補習心不在焉，容易分神，原來是剛剛父母親吵架，孩子始終掛心導致分心。更甚者有些家庭問題已經導致孩子行為嚴重脫序，在課堂上成為最不受歡迎的一份子，這時老師適時伸出援手，傾聽孩子心聲，往往會讓孩子卸下心防，痛哭流涕，這類的孩子在家裡通常得不到溫暖，有時在學校又與同學相處有間隙，只有來到補習班讓他感受到家的溫暖，間接等於幫了家裡與學校，分擔了重責大任，但切記不要介入家庭事務，影響家庭與補習班的和諧。

　　這個社會有太多勵志的故事，每個老師或許可藉由這些無論發生在自己身邊的或由書上讀來的，甚至自己親身經歷的故事開導這些孩子。筆者曾經在國中時期成績一蹶不振，也對老師的教誨漠不關心，直到有一次段考完畢，導師對著全班說：「我看到XXX一直很用功，但這次考試可能失常

了，我相信他下一次一定可以考好，現在全班同學給他鼓掌加油！」這一幕還一直留在腦海，也很感謝這位老師及時拉了一把。

此外，除了對新生有多一份關懷外，有了新生也不要忘了舊生，在課堂上一視同仁，付出同等的關心，不偏心，針對個案課後再約談，在細微處著手，教育是很奇妙的一件事，往往老師付出的關心無法在當下有所成效或回饋，但事隔多年，忽然就會有位已經完全不認得的學生走進來，對老師說：「老師！謝謝你，就是因為當年你對我的關心，讓我有了繼續學習下去的動力，不然我現在不知在哪裡……」師生關係有時總有驚奇出現，只要教授的學生中有一位學生以後會記得曾經有位老師關心過我，也記得老師的好，這樣所有的努力都值得，不枉教育的辛苦付出了。

注意每次成績，考試即回饋
Consideration for a student's every academic achievement and test results

　　老師對於學生的考試成績應持續關心，無論大小考試應當用最快的速度批改，然後發還給學生，對於一位奮發進取的學生，考完一份試卷就會有一份期待，老師滿足孩子的期待，給予立即回饋，教學效果最好。而對於一位懶散消極的學生來說，當老師以最有效率的方式批改出成績時，除了了解老師的用心外，或許也學會了不敢怠慢。老師給考不好的學生加油，並囑咐下次要更加努力，給考好的學生小獎勵回饋，一直朝向進步的方向努力。

　　筆者親身曾經歷了感人的一幕，補習班曾經舉辦一項英文演講比賽，有位小學六年級的孩子得獎，當頒獎的那一刻，孩子說：「我從小到大從來沒得過任何獎項，這是我第一個獎！」下台後表示要將該獎牌留在補習班，感謝補習班對自己的肯定，而外頭等待的爸爸也紅著雙眼感動不已，不由自主害羞地高興，他說永遠會記得補習班給予的肯定。此外，我們也常看見阿公、阿嬤盛裝參與頒獎，讓孩子備感光

榮，孩子的成就感必定引發無限的動力，若因為一次的鼓勵轉變孩子的一生，那發放再多的獎品獎牌都值得。

讚美學生及家長
Praise to a student and his (her) parents

「讚美大於責備」好聽的話誰都願意聽，這道理雖簡單卻不是人人都做得到，東方人受傳統禮教束縛較不懂得如何讚美孩子，「減法」教育深植於心中，即以一百分為標準，減一份打一下。反之，西方的教育多為「加法」教育，以零分為起點，增一份表示孩子有學到，即大大讚美。

每個老師必定有這樣的認知，但還是做不到，或是從事教職初期有做到，但漸漸地就吝於讚美了。這是因為老師在教學過程中已經心煩氣躁，被學生搞得昏天暗地，這群小毛頭在眼中就像小魔鬼，恨不得一一捉起來打三十大板，這樣的心情又怎能生出一絲讚美心呢？如此惡性循環終究對自己和孩子將造成兩敗俱傷。

有時必須重新檢視自己對孩子的態度，是抱持敵意還是友善；是小惡魔或小天使，若總是前者就應該好好放鬆一下，避免讓自己繃太緊，補教老師與時間賽跑還是必須利用課餘時間喝喝茶、看看天空，將欣賞學生的心再找回來。

另外，讚美除了是一項技巧也是藝術，不只讚美學生，家長也一起讚美才是高竿，但「讚美不能虛偽，誇大不能吹

牛」，有時這孩子長得很好看，也可連同家長一起讚美，若長得真的是不好看卻故意說好看，就顯得過於虛偽，若這孩子很聰明，就表示家長也很聰明，這種直屬連帶關係便可盡情發揮。讚美得當對於孩子的自信心提升有很大的效果，也能取得家長的信任，因此，讚美是可以練習的，若這一堂課還沒準備好要讚美學生，那就表示還沒備課完成喔！

流失學生即聯絡，探討原因
Contact to any absent student
for investigations of root causes

　　學生流失的原因，扣除經濟因素，成績沒有起色必是主因，許多家長將補習教育視為花錢求進步，當事與願違時，必然懷疑起這家補習班的效用，進而直接採取不補或轉班的行動。另外一種純粹是學生的心理層面問題，有些學生外向；有些內向；有些樂於分享祕密；有些將所有心事藏在心裡，有時候學生心中會萌生念頭：「老師最近都不理我，也沒有關心我，好像好久沒有跟我講話了……」這與老師平時是否勤加聯繫家長、輔導學生相關。

　　正統師資教育重視學生心理學，對於學生的心理層面有較深的理解，這是部分沒修教育心理學的補教教師欲增進更和諧之師生關係可著眼之處。

　　預防勝於治療，平時補習班必須要求老師今日事今日畢，當日沒來上課即特別致電關心，這是固定功課，有時老師知道學生沒來的原因是感冒或生病，打個電話關心更是應該，只有一個情形不打電話，例如學生家中辦喪事，以不打擾為宜。

有時老師會與補習班一起「挖炸彈」，即是在考前預感某學生可能會因成績慘兮兮而不補，先進行一連串預防措施，自動留下學生輔導，並與家長溝通，注射強心針，當然這是急就章的作法，最好還是能由根本做起，一步步培養學生應有的實力。

　　倘若學生已經流失了，仍需打個電話，了解原因是什麼，從中分析是否可挽回，有些家長可以正面溝通，並強調老師很好，是自己的孩子比較差，或是其他原因，如補習班人太多太擁擠，或人太少缺乏競爭力而選擇離開，這代表老師平時的關心是足夠的，將來或許還有機會回來，老師可告訴家長自己仍是孩子的老師，隨時有問題都可回來問老師，讓家長放心。若老師發覺家長已經對補習班及老師存有歧見，很難溝通，再打電話可能遭致反效果，對補習班負面渲染力更大時，就此停手，不再聯絡，讓損失降至最低。

　　老師面對班上有學生流失，為避免影響上課氣氛，盡量避免提及此事，若已有學生提出，也可對學生說須再進一步了解情形，這堂課不談這個，甚至，將自己內心表達出來，對學生說：「我真的很關心他，也很關心你們，不是嗎……對於此老師很難過，這件事就到此為止，我們繼續上課……」將話題轉回正課上。

　　老師間彼此聯繫時可以代號互相告知，不要說「林建山不補了」，避免在傷痛處持續灑鹽。此外，流失一位學生對

於老師來說等於學了一門課，採正面思維看待此事，反而在
教學路上更能走得順暢。

時時檢視點名冊，
提高本身溫度計
Checkup on a roll book

「……咦!?王小明和陳小華，我多久沒和她們說話了，應該找個時間和她們聊聊……」學校會有聯絡簿，每天與家長藉由文字溝通訊息。在補習班方面，除了安親班較可以發揮，以書面報告孩子的學習狀況，國中甚至高中補習班的聯絡簿往往只有簽名，無法詳述學生的狀況，老師在課餘時間便可由其他方面關心學生，例如點名簿或成績簿，探究這位學生為什麼一直請假，考試為什麼有落差，由這些方向找出一些蛛絲馬跡，便有著力點可進一步努力。

學生不喜歡來上課，老師也應檢討是否有哪些地方做錯了，是否愛講笑話引起反感（應該不會吧！每個學生都愛聽笑話），或講太多冷笑話毫無新意，講話音調平平，抑揚頓挫沒有分明，授課內容了無生趣，引不起共鳴，諸如此類都應深刻檢討，反求諸己，這支溫度計隨時立於心頭，這就是教學的sense，將自己的敏銳度調到最高，並非等到學生不補習了才開始慌張想要挽回，才開始想問題出在哪裡，自己到

底哪裡做得不好，此時的檢討都為時已晚，如同商場上的競爭，許多企業認為這個是長期合作的客戶，絕對不會跑，疏於關心，等到真的離開了才後悔莫及。掌握班級的脈動最忌忽冷忽熱，有時冷落學生有時又故意對學生很好，應該是每天保持著一定的溫度、一定的關心。

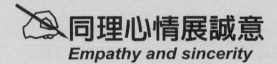

同理心情展誠意
Empathy and sincerity

　　青春無敵，青春卻也帶有一點點苦澀、沉悶、無知、幼稚，雖然老師曾經走過那一段，但卻又遙不可及，面對正經歷這段歲月半大不小的小鬼頭，老師的心態該如何呢？其實很簡單，以同理心來對待就對了。

　　當學生討論著哪部電影好看時，不需嗤之以鼻，當學生正著迷於哪部漫畫時，不需正色以對，當學生研究哪種網路遊戲的攻略時，也不必要轉頭就走，如果能夠以朋友的姿態面對，傾聽孩子的對話，甚至融入其中，一起參與提供意見，會與學生的距離整整拉近了一大步。

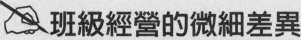

班級經營的微細差異
Nuance in class management

　　先不談教學內容，在補習班裡有二位老師，這二位老師對於學生的關心都是無微不至的，一位老師以嚴格著稱，對班級一絲不苟，若有學生脫離常軌，舉凡挖鼻屎、翹腿、頭歪一邊、轉筆即予以糾正，遇到學生不守規矩，更是大加撻伐，嚴師的形象不逕而走。另一位老師則以溫柔著稱，很少看到她處罰學生，即使處罰，也只有將該生叫至一旁，好像交代什麼事情，學生頻頻點頭示意，最後拍拍肩膀，學生隨即離去。

　　前後兩班觀察的結果，學業成績是一樣的，積極度是一樣的，但前者班級好像少了一些笑容，後者班級氣氛較為開朗，遇到考試時緊繃的狀況更是不一，最重要的是，原本兩班中愛搗蛋的學生經過二位老師的教誨後，前者班級似乎沒有改進，愛搗蛋的還是依然故我，但後者班級卻有明顯改善，愛搗蛋的學生似乎穩定許多，班級也就一步步更趨成熟。

　　其實，前後老師最大的不同，在於一個有收尾，一個沒收尾。前者老師糾正完錯誤後以為就沒事了，後者則於糾

正完再以正面口氣鼓勵學生，例如，前者老師說：「為何你的抽屜總是亂七八糟，塞了這麼多東西都不收，像垃圾一樣，現在立刻給我收乾淨，否則我就叫你都將它們吃進肚子裡！」後者老師，可能會修正為：「……抽屜是用來擺放有用的東西，你這樣放就全部變成沒用的東西了，我保證你將他們變成有用的東西後，你的成績也會變好了……！」學生犯錯，除了提醒錯誤在哪裡，也加諸正面的語氣或鼓勵的語氣，學生不但不會聽不進去，還會覺得有尊重到他們，因此，屬害的老師會利用此一微妙的心理因素，讓學生知錯，同時還感謝老師的教誨。而若只針對錯事訓斥學生，對孩子改變其實不大，換來的只是學生一時遵守，甚至陽奉陰違，背地裡一句句「凶巴巴」、「母老虎」就出來了，讓學生愛戴的老師不必舌燦蓮花，也不必費盡心思要讓學生立刻達到自己的要求，因為有時真的會「物極必反」，若設身處地，轉個彎或許反而更能達到目標。

帶班技巧
Skills to lead one class

- 查其所好，供其所需
- 互動良好，收放自如
- 台上、台下的期待
- 台風穩健，成熟偶像
- 特殊風格，幽默不失大體
- 建立習慣，營造讀書風氣

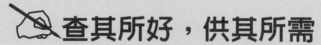

查其所好，供其所需
Supply to students based on their requirements

　　一位老師帶一個班級以帶班級的角度來帶領，和用經營的角度來帶領必定有所不同，老師想像自己就是老闆，動力必定不同，對學生的照顧可能是一致的，但心態可能不同。

　　帶班級就像帶一個團體，除了學生個別的照顧外，對於整體也需要照料，班級整體採取的策略便是查其所好、供其所需。老師有時為了鼓勵學生，請全班喝飲料，雖然飲料不宜多喝，但一杯就足以讓士氣更上層樓，向心力更加綿密，當所有學生感染在班級氣氛裡，初步供需於是建立。

　　另外，獎學金的設置也符合班級的供需，但適當獎勵了成績優秀學生，也別忘了獎勵成績中庸學生，甚至成績不佳學生，進步獎的意義在於即使進步一份，也要給予大大獎勵，無論獎金或獎品都有正面的鼓勵意義。學生學業上資質不好沒關係，在其他長才獲得發揮都是老師該給予掌聲的。

　　筆者任教的補習班在每年聖誕節時常進行一項許願卡祈禱活動，孩子在許願卡上寫上聖誕願望，有的需要一雙鞋子，有的希望得到一本書，甚至希望父母破鏡重圓，當然不

一定老師都能夠滿足所有學生的願望，但老師有能力時就可查其所好、供其所需，由細微處著手，不需計較花費太多，因為受到的回報將遠比付出更多。

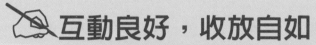

互動良好，收放自如
Unartificial and good interaction with students

　　五、六十年代台灣光復後，學校總有一些俗稱「老芋仔」老師，濃濃的外省腔，學生聽不懂，台下的學生只得自行解決，桌底下藏著參考書、漫畫、故事書打發時間，有的甚至翹課去了。師生之間完全沒有互動的方式與現代比較，學生真是幸運多了。

　　現在課堂上，師生可以有良性互動，學生皆可舉手、發言、表達意見，但衝破一個限度，秩序儼然又形成老師很難控制的項目，有的老師乾脆不願控制，有一位國中老師剛到校任教，每天很辛苦處理秩序問題，漸漸地發現用體罰的方式能夠迅速解決問題，因此老師說自己就像馴獸師，只要有秩序或成績問題立刻以近乎暴力方式解決，看起來可以立竿見影，事實上不當處罰除了對學生造成心理陰影外，對於學生的行為矯正也不見得能夠有效改善，也容易惹禍上身，小心隨時可能被學生側錄自己的暴行，後果可是不堪設想。

　　對於學生來說，高招的老師往往一個手勢就可以鴉雀無聲，而非扯破喉嚨一直喊著：「不要講話！不要講話！」有

的老師爲了控制秩序，笑話一個接著一個講，久了之後老師被稱爲笑話老師，每次上課便不斷期待老師再講一個，沒有講整班便死氣沉沉，最後老師耽誤了正課，收不回來。

　　收放自如的精髓建立在互動良好的基礎上，互動良好首要取得學生的信任，一伸一縮的拿捏需要事先了解每位學生的特性，更需要當機立斷的智慧，每位老師應都有一個認知，那就是在收放自如的技巧上，一年要比一年進步，去年沒有做好沒關係，今年帶新的一班就要更能控制，如此一來，很快就能達到目標。

101

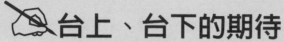

台上、台下的期待
Splendid performance on or off a lectern

　　八點檔連續劇為了搶收視率，個個使出渾身解數，在劇情上高潮迭起，讓觀眾目不轉睛，演員精湛的演技、動人的台詞身受觀眾的癡迷，一位補教老師何嘗不需具備這樣的條件呢？

　　青春期的孩子漸漸脫離父母的依賴，成為小大人，有時親子的關係陷入膠著狀態，不跟父母說話，反倒喜歡來補習班，因為有同學相伴，對補教老師的期待又像老師又像明星般崇拜，有了明星般或演員般的期許，老師就有了特別的任務，就是將自己的角色演好，同時符合一齣戲的精彩流程，在掌聲中上台，在期待中下台，這中間的節奏掌握更是整堂課的關鍵，如劇情的發展有高潮、有低潮、有動、有靜，與學生的互動如行雲流水，將學生的心理狀態掌握得恰如其分，但為了收視率斬雞頭、灑狗血就適得其反了。

補教老師就是教學表演工作者

電視表演工作者 （主持人）	補教老師	說明
廣告時段	下課時段	二者都有個喘息時段，但補教老師的下課時段約只有10分鐘即須再赴戰場。
製造一個梗	製造一個梗	一節課需撐90分鐘，一定要有個笑梗撐場，否則學生都睡著了。
台風穩健、幽默風趣	台風穩健、軟硬兼施	站上舞（講）台就須讓全場驚豔，有玉樹臨風之姿。
隨時表演一段	隨時展現解題技巧	絕招絕活隨時不離身，以備不時之需。

台風穩健，成熟偶像
Moderate stage presence; mature image

　　一位老師站到台上肩膀要挺，台風才會穩健，讓學生感覺「頗有大將之風」，如果氣勢出不來，說話唯唯諾諾，就等於先輸了一半，怎麼將這堂課撐完都變成是件痛苦不堪的事。

　　老師也必須能應付各種狀況，想像一位節目主持人，能歌善舞，上刀山下油鍋多少也來點，意思意思。沒有多元化的主持風格是成不了氣候的，同時各種話題都能談，要談時事、要談八卦、要談辛辣、要談輕鬆樣樣都行。

　　一位老師要讓學生感到成熟穩重，而非外表輕浮、臉上無毛，特別是年輕老師，讓人有成熟的觀感有兩個方式，一是勤勞肯做，如果凡事都盡心盡力，臉上就會讓人感到信任舒適，另一是由外表穿著上的搭配，襯衫領帶甚至套裝，讓學生感到自己的專業，有了成熟的觀感，講話的方式就不自覺穩重了起來。

　　或許有位老師喜歡奇裝異服，頭髮也特別怪異，但很會教書，把學生迷死了，完全不符合上述的形象，這樣的老師會說：「你管我穿什麼衣服，我會教書就好了！」沒錯！不

拘小節的老師也大有人在，確實也有獨到的解題技巧，但言教與身教是老師的標竿，我們期待這位身兼「偶像」的老師盡量中規中矩，學生在無法完全有正確的判斷能力前，給他一個正確的意象是相當重要的，其實越是大補習班名師越是注重穿著。現代社會企業形象廣受人們重視，與單打獨鬥的個人路線已經有所區隔，處處注意小節，不失大體，才是長治久安之道。

特殊風格，幽默不失大體
Specific style; humor without offense

　　我們都知道，受歡迎的老師肯定是具有幽默感，能夠讓學生心情愉悅，開懷上課的好老師，但我們也都知道，要達到這樣的功力相當不容易，有的老師進入課堂像打仗，所有的學生隨時處在緊繃的狀態中，深怕老師一個眼色就陷入絕境，有的老師上起課來枯燥無味，學生呵欠連連，但有的老師卻信手拈來皆是幽默，沒有任何矯揉做作，有的老師一舉手、一投足便足以讓學生開懷大笑，惹的學生課還未上便充滿期待，聽到老師腳步聲就已經拜倒其獨特風采下了。

　　若深究幽默感如何培養，其實沒有一定的答案，有人說這是與生俱來的特質，有人說外國人比我們國人更具幽默感，各種說法其實各有道理，也各有其身後的意義，我想，幽默感來自開放的心胸，願意分享自己的經驗，圓融的處事態度，若以幽默待之，皆可迎刃而解。

　　有的老師不斷蒐集笑話，上課上到軍心渙散時，就開始發揮說笑話的本領，久而久之，掌握了說笑話的精隨，本來不是太好笑的笑話，在他口中重新闡述，也變成一則經典笑話，甚而自己利用生活素材編造笑話，例如：「唉！最近老

師的骨頭忽然發痠，我常在想為什麼，喔！想通了，因為你們每天都在酸老師，說老師這裡不好、那裡不好，害我痠死了。有沒有人要讓我甜一下……」

幽默感還有一個特質便是博學多聞，時時更新時事，並且將時事與課堂連結，讓學生充滿新鮮感，例如：「最近有個新聞，說一群學生為了護狗，反而被學校記過處分，唉！也不知道學校是何原因要處分，我只是在想，如果在我們補習班，我們就訓練這狗跟班主任一樣，來點名，又可以指揮交通，也可以照顧學生，多好呀！」

對象不同，幽默感自然有層次上的不同，有的老師利用講有色笑話凸顯幽默，甚至揶揄兩性間尷尬的情愫達到幽他人一默的目的，例如：「王小莉，最近你跟吳小明好像很要好，你要不要去看眼科醫生……」又或者：「張小華，你快點把你座位地上的油擦掉，老師經過會滑倒的……」對老師來說，只是對學生身材開個玩笑，但聽在學生耳裡卻是極大的羞辱，為了取悅大眾而傷害了某位學生是絕對不足取的。

建立習慣，營造讀書風氣
Development of usual practices and good reading atmosphere

　　一個班級的讀書風氣建立在一個穩定的氛圍中，這個氛圍是帶動學生一齊進步的動力，建立一個氛圍要靠老師做起，首先必須設定一個規範，這個規範可能是有形的或無形的，有形的規範可能是一套獎懲措施，例如某位學生英文沒有達到標準，應該有適當的處罰，數學作業沒交也有相關的處置。無形的規範較像一種習慣，學生一走進教室就習慣先翻開書本，安靜看書，等待老師，一走出教室習慣靠上椅子，與同學討論問題。國三同學或高三同學習慣規劃讀書計畫，倒數基測或學測時間，還剩200天、100天、50天……在內心建立一套自主模式。

　　在補習班裡有些班級老是無法成長，學生流失率高，有時歸咎於無法建立一套習慣，因為當學生學校課業壓力來臨時，平時沒有建立起習慣的學生一定驚慌失措，最後只好被迫選擇學校課業，放棄補習班課業，這就好比平時如果家裡有個醫生，病人就不會暴飲暴食，面對突如其來的狀況還能安然度過，這是習慣的養成。

老師教學的習性有固定循環，從教學、評量、檢討、獎賞……一氣呵成，不要讓學生來補習變成沒有意義的事，尤其是國三（或高三），學生雖然面對極大壓力，但補習班有讀書風氣時學生還是願意來補習，這樣就不會散，因為學生還是認為來補習是最有效果的。

當班充量
Number of Students

- ■ 節流：守班、穩定、期待心理
- ■ 開源：擴班、承諾、喇叭心理
- ■ 造勢：為自己、為補習班
- ■ 10人班以上～30人班以下的思維

節流：守班、穩定、期待心理

Inward stabilization:
Keep and stabilize a class

　　一位有經驗的補教老師來應徵，說他由小一到國三皆可教，數學、英文、理化樣樣精通，正規班、衝刺班、假日班無所不能，但若問到曾經帶過的班級人數則回答最高不超過十個，那這補習班到底要不要用他呢？

　　自信是成功的第一步，但過於自信往往成為成功的絆腳石，怎麼說呢？一位老師以為做好電訪，做好行政工作，薪水就會增加，但事實上，老師意識到的太少，補習班有形、無形、額外的支出可能都無法想像，老師的付出對補習班實質的效益是否對齊，這個標準在班主任與老師的心中往往南轅北轍，因此班主任與老師之間需有相互信任的機制才有可能讓班務更完備。

　　有些老師認為自己很有身價，因為有許多學生喜歡他，許多學生隨著他起舞，但要了解的是，身價是無形的，身價也往往是他人來評斷，非自己感覺出來的。有些老師離開的理由說理念不合，或者太辛苦，待不下去，有些認為自己的班級人數增加，都是自己的功勞，補習班卻沒有相對給予老

111

師回饋，因為所有思維都是歸功於自己，教得好，照顧好，身價已經到達另一境界，學生數增長補習班理應立刻給予回饋。而不進學生，或流失學生時直覺認定是學生個人因素，或補習班沒有給予堅強的後援，這些老師自我的觀念甚濃，許多皆為學歷高、身段高卻甚少體諒他人，只關心與自己相關的事物的老師。

如果要在這行發光發熱，心態的改變就是第一步，放下自我，走入基層、關心、輔導、電訪、噓寒問暖、關心學生身體，甚至撿垃圾，把自己放下，跟著全職人員或行政櫃檯學習，看班主任（老闆）在做什麼，就會發現原來還有這麼多事情沒有想像中簡單，也會發現建構一家有規模的補習班原來是這麼不容易。

種種勤勞的行為，見到任何人皆噓寒問暖，學生來時將行政放一邊，把時間留給學生，和學生打成一片，就是所謂的安內，上述所提及的皆是屬於不進教室的安內。

而進教室的節流叫留班，在班上眼觀四面、耳聽八方，發現學生怪怪的，便靠上去關心一下，教師也可利用一些技巧增加與學生間的關係，舉個例子，聖誕節寫張溫馨小卡片給學生加油、打氣，表示自己的關心，久而久之，原來在學生心中自己已經成為僅次於家人的師生關係，這份信任感如同亦師亦友。

補教名師讓人家感覺很有錢，但不經一番寒徹骨，哪得

教育無界限
補教師資有一套

梅花撲鼻香，補習班成就的意義在教學，學生有所進步才是重點，否則一切免談。在社會大學的基礎下，數字常為人談論的焦點，一個月收入、開多名貴的車子、買多貴的房子。在補習班，必須談另一個數字，即是班級人數。這個既開放又敏感的數字，若以正眼視之，則可視為一位老師進步的原動力，告訴自己要不斷比眼前的數字更進步。或相反地，無視於存在者亦有之，全端賴每位補教老師的心態了。

開源：擴班、承諾、喇叭心理
Outward expansion:
Expand and promise our learning center

　　開源，定義來說，我準備好了，孩子喜歡我，因此希望我的這些學生能再幫忙介紹他的好朋友來讓我教，分享他遇見好老師的喜悅。學生分為質與量，質表示成績優秀的學生，補習班給予了適當的照顧，量表示學生在校功課沒那麼好，來補習班喜歡老師，介紹學生來補，二者若照顧得體，對老師來說皆有所益。

　　怎麼讓學生死心塌地呢？首先給學生觀念，老師是最專業的，只要跟著我所教的，就保證學業進步，如果給了承諾就要做到，例如筆者遇過家長想幫孩子在家加強課業，向老師借考卷，等家長來拿時，整份考卷已經整齊擺好隨時交給家長，家長感動不已。其實，在自己能力所及的情形下，許多細節都是隨時可以讓家長或學生感受到自己的認真與負責，而家長要的也就是這些而已。

　　老師千萬不可有當兵心態！當兵數饅頭只會讓自己更擺爛，處處不積極，對學生無關緊要，等到要走時總是認為補習班沒有自己不行，天塌下來唯有自己能頂住，這些態度只

會加深補習班對老師的歧見，老師也終究感受度日如年。

　　除了課堂上的照顧外，若能進一步了解補習班的經營生態，對於招生掌握或許更能得心應手。對周遭補習班知己知彼，了解他校的優缺點，強調自己的優點，推銷技巧的掌握，廣告包裝透過喇叭模式將補習班的好處傳達出去。

　　其實老師親臨補習班招生現場必定更具說服力，因為有做到的就可以大聲講：「老師這麼認真，幫學生歸納筆記，你們的成績也因此突飛猛進。如果有要好的同學，歡迎你們多多介紹，或正在其他補習班的介紹過來，我一定會全力照顧他們，就像你們在這兒一樣……」另外，也要給家長安全感，讓家長感受老師堅定的語氣：「我在你放心，您的孩子交給我絕對不會錯，我們的升學率都是最佳的……」

　　有企圖心的老師一定要等待，不要沉不住氣，給補習班時間看到自己的努力。一位老師為補習班著想，幫忙指揮交通、一起打拼，雖然一個蘿蔔一個坑，每個人各司其職，但一定要相信班主任都看在眼裡。在團隊裡，見有不足就去彌補，做是為自己做，不是做給別人看，應有這樣的心態。多聽多看，保持自己的敏感度，一進入補習班馬上就上手，巡班、看點名表、查當日特別狀況，一個老師的成長就是在這樣點點滴滴的過程中累積起來的。俗話說：路遙知馬力，既得利益不容易長久，到手的肉都會被咬走。不論自己的經驗如何，相對的付出必有相對的收穫。

造勢：為自己、為補習班
Publicity for yourselves and our learning center

　　所謂的造勢，最簡單道理即是要告訴學生，自己多會教，舉個例子，老師可以很自信地告訴學生說：「聽我的英文文法最清楚……」然後開始解釋為何自己的文法最清楚，其他的老師無論在學校或其他補習班，可能要教一小時，學生還懵懵懂懂，但是在這裡，保證教十分鐘，切入重點，就可以一目了然，老師就是要有這樣的自信心。又或者數學科，老師也可以說當其他人講了一堆照本宣科的原理時，他卻可以一副老神在在的語氣一針見血告訴學生：「看到這題不就是這樣解嗎？」又如同史地老師能一口氣背出歷屆美國總統名字，讓學生瞠目結舌。

　　這道裡就如同藝人，也會為自己造勢，如亞洲天后張X妹，本土天王吳X憲，可愛教主楊X琳，流行教主……，漸漸地無論在何時何地，當大家琅琅上口這些頭銜時，這地位便屹立不搖了。接著這些藝人也紛紛組成公司，自己培養家族，以家族的力量打團體戰，比單打獨鬥省事多了。

　　藝人如此，補習班也是如此，有了個人的魅力之後，也

要為補習班造勢，而不是只顧著自己，甚至踩著他人肩膀往上爬。最大的遺憾便是老師交相攻訐，相互揭疤，許多例子都是由於補教老師之間不合，引爆補習班整體危機，最後兩敗俱傷。

補習班與老師的關係如同魚與水，水幫魚，魚幫水，永遠不變，這是身為團體一份子的責任與榮耀。所以當老師幫補習班時，補習班也會提供全然的後勤補給，舉辦招生活動、大型節慶活動，例如辦聖誕晚會，發摸彩券，請樂團表演，吸引無數的來賓與家長，學生對補習班有了依附，也就會對老師有所依附，一致對外的力量加乘，所有負荷都將事半功倍。

10人班以上～
30人班以下的思維
Number of students in a range from 10 to 30

　　一位師範體系剛畢業的老師進入一般的學校，便需面對一班約30位學生的壓力，如何將這些學生照顧妥當，就是這位老師的當務之急了。相較之下，若不考慮學校與補習班學生學習動機的差異，一位初入社會的補教老師，在補習班謹慎考量之下，通常安排的學生較少，可能只有10人以下或20人以下。因此，照顧好這些學生，不讓這些學生流失就是這位老師第一關要過的課題了。

　　有些老師不明就裡，抱怨補習班給的班級人數太少，看不起只有10個人的班級，只因為帶10個人的班級報酬率低，領薪水時只有一點點，越教越沒勁。殊不知幾乎所有名師也都是由個位數的學生數教起，因此一開始東抱怨西抱怨的老師絕無可能成為名師。再者，當學生流失時，這些老師總是歸咎於許多因素，如學生就是不聽話，無法適應這樣的班級，或學生家中因素，無法來補習了，甚至說父母吵架了，不讓孩子來補習。但是很奇怪的，其他老師的班就不會有學

生流失的情形。

　　當一個補教老師教得比學校老師差，學生人數不成長，反而一直往下掉，這位老師就必須好好檢討了。相反的，學生人數持續成長，表示老師可以在補習班立足，這樣的數字變化決定了老師的前途。而讓學生人數成長絕大多數取決於成績，讓學生人數下降大多數也取決於成績，成也成績敗也成績，相互關係妙不可言。

　　數字往往一翻兩瞪眼，試想一位有經驗的老師前往某補習班應徵，補習班主任問：「你以前一個班教多少人？」若回答：「總是不低於30人！」則可能留給補習班深刻的印象。若回答：「總是不超過10人！」也會讓補習班留下深刻印象。老師及補習班都在意學生人數的成長，而獎勵學生、獎勵老師是最正面的鼓勵。如同學生進步，校方發進步獎；在補習班，對於學生的進步，也需發放進步獎。老師若也將學生成績提升，人數增加時，補習班也需不吝發放進步獎給予老師最大的鼓勵。

119

補習教育的省思
Introspection to Education of a Learning Center

- 從教育業到教育服務業
- 良心的教育事業
- 補習班與補教老師的階段性任務
- 流浪教師的最佳選擇
- 補習班可以給老師什麼
- 伯樂與千里馬
- 真教育、賣教育之別
- 考驗智慧的工作
- 附加價值的形成
- 資歷是否與教學成長成正比
- 按制度行事
- 補教老師的罩門

教育無界限
補教師資有一套

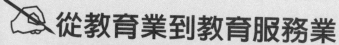

從教育業到教育服務業
From education industry to education service industry

韓愈云：「師者，所以傳道、授業、解惑也！」奠定老師的工作職責，老師本來就擔負著這些天經地義的任務。但隨著時代變遷，服務這個選項應該越來越被重視。特別是補習班，在有收費的情況下，家長付出就需要有所回饋，如此服務的重要性就益加凸顯了。

對於老師來說，稻穗小株時挺直而立，長大後結滿果實便彎腰鞠躬。一個學生從小受教育像幼苗，進入社會後就應該以最謙虛的態度面對工作，以服務的熱忱展現教育的本質。因此，一位接受完整師資培訓的老師自學校畢業，滿懷熱忱投入教學工作，馬上就會發現自己其實是在服務人群，在教書時先學會服務人，了解學生的需求，這樣才有可能教得好。因此，許多人不管讀到碩士或博士，進入社會後學的第一件事就是彎腰，但是本質還是教育。

當一個社會越來越重視服務時，雖說學校大部分為義務教育，也應由教育業漸漸轉變成教育服務業。過去學校較重視單向教學，老師教學生學，學生不乖老師藤條拿著便揮下

121

去，家長也不會有意見，還認爲老師打得好。相對在現今社會下，教學重視回饋，學校老師也應多傾聽家長及學生的需求。當孩子在學校學習成效良好，提高了客戶（家長）滿意度，也代表著在教育的領域裡，服務這個項目達成目標。

　　每個人進入社會後都有一份社會責任，補教老師因爲補習班面臨學生來來去去的問題，更需做好服務這個區塊，服務與教育兼容並蓄，更需照顧到各種層面。

　　此外，教育服務的內容隨著學生年齡也有所不同。幼稚園至小學階段是保育大於教育，國中至高中甚至大學以上是教育大於保育，自主權隨著年紀增長逐漸轉移至學生本身。孩子還小的時候由家長幫孩子選擇一切，包括吃什麼、用什麼，乃至於上什麼補習班，上哪些才藝課，決選的標準在於哪家較會照顧孩子。孩子長大後自己便會選擇自己要吃要用的，也會判斷哪家補習班較好。因此，無論學校或補習班，提供更多元的教育內容才是生存的必備條件。

　　「辦教育並非賣教育」，這二者的差異在於是不是站在學生的角度考量，幫莘莘學子看得更高更遠，而非短視近利、汲汲營營。唯有加入服務這個選項才會讓教育更臻完美。

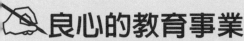

良心的教育事業
Conscientious education industry

　　隨著時代變遷，現在的補習班一間開得比一間大，在華麗的裝潢、明亮的空間驅使下，硬體設備讓家長趨之若鶩。但相對應的軟體素質是否一樣亮眼，卻是個問號。因為真正用心的補習班是幾乎不可能單憑外表評斷出來的，家長將孩子送到補習班，補習班要如何照顧就全憑良心了。

　　有的家長為了省錢，選擇學費最便宜的補習班，但這錢交給補習班卻沒有用。老師只是讓學生一直看片子，沒有好好教兒童美語，若有家長起疑，便說因為看片子是正常教學的一部分。這樣的教學品質不只浪費掉家長每一份掙來的錢，也抹煞掉孩子最精華的學習時光。此外，在這樣的補習班，學生有狀況老師卻視而不見也屢見不鮮。有些小小孩自理能力較差，感冒鼻涕直流，老師卻任憑橫涕亂飛，黏三抹四，老師的心態總是想：反正不關我的事，髒是他家的事。

　　有些收取高學費卻沒有良好教學品質的補習班也大有人在。姑且不論孩子的學習成效，有孩子補習完回到家，家長看到孩子頭上的毛髮已不見了一大半，追問孩子也問不出所以然，追問補習班，老師也支吾其辭。最後調閱監視器才得

123

知孩子課堂上到一半已經呼呼大睡，某個頑皮的同學拿起剪刀由身後惡作劇，自顧幫他人做起整型遊戲。這過程老師卻渾然不知，任憑這樣離譜的事件發生。

另外，有些補習班的收費便宜，卻絲毫不馬虎。有著一流的軟硬體設備，更有一流的師資，讓孩子受到最妥善的照顧，學業也明顯改善。因此，事在人為，憑著良心開班的經營者自然會永續經營，請給這些人多一些掌聲。

補習班與補教老師的
階段性任務
Stage tasks of a learning center and its teachers

　　每個人進入社會努力工作，大都希望快速賺到一筆財富。但君子愛財、取之有道，一位補教老師如何在工作上獲得適當的報酬，基本上與個人的付出成正比，也與補習班的薪酬制度相關。勞資雙方如何共創雙贏的確是件不容易的事。

　　每個補習班在草創時期，在班級數及班級人數皆不多的情形下，首要衡量，擔任正職的老師在基本保障薪資的制度下，思維須與兼職老師不同。由於創業維艱，補習班必須忍受班級人數少仍必須開班的窘境。補習班除了正常人事支出外，也需支付諸如租金、水電、耗材……等管銷費用。不明理的教師以為自己帶的班有多少人，算一算自己可以領多少，於是積極向補習班爭取應得的報酬。雙方堅持己見的結果可能兩敗俱傷，這都是由於老師無法以同理心看待的結果。

當然，當補習班有了一定的盈餘時，一個階段性任務也算完成了。補教老師經過一翻磨練有了一定的教學實力，補習班也有空間滿足想一展長才的老師，因此老師在許可下多帶幾個班，增加收入。

　　而補習班經營者也應有相同的思維。補習班創業維艱，底下的老師共體時艱。當補習班開始有賺錢時，身爲老闆也應思考進入下一個經營階段，給予老師更多的福利，讓老師有機會在機會均等的原則下得到這些福利。有些補習班經營者賺了一筆後發覺錢很好賺，意氣風發，到處投資，眼高手低，結果錢全花在非本業的投資上。而老師看見自己的付出結果只是提供老闆投資第二事業，這樣本末倒置的作法至爲可惜，最可怕的就是經營者視學生爲一個個「錢子」，先前一位同樣經營補習班的朋友分享經驗說：「當自己教得很疲倦時，忽然看到台下的學生一個個額頭上都貼著千元大鈔時，頓時精神就來了⋯⋯」這也許是句玩笑話，卻也反映著教育轉一個彎，竟也能被商業價值牢牢套住。有了這樣的觀念，教育就此變質，而受害最深的往往就是學生。

　　老師在教學現場久了，猛然回頭才發覺處處都是學生。這些學生長大結婚生子，又開始孕育著下一代。老師看了一則以喜，一則以憂，喜的是以前教過的學生都還能記得老師，感到相當欣慰；憂的是學生的行爲、生涯發展好像也維繫在老師心頭，這時才驚覺自己責任重大。

身為老師，在進入另一階段的教學後，也需要思考自己的社會責任。這不一定是要花大錢、做大事才叫社會責任，由細微處著手，舉手之勞都可獲致良好的效果，例如印考卷即是一例。若能印正反面最恰當，印多了或發完了還有剩下，不應直接丟進字簍裡，歸進文件夾中，下次可再使用。只要想想每浪費一張紙，累積下來不知有多少樹木又要被砍。又例如使用墨水，白板筆加水天經地義，但有些老師整瓶整瓶直接倒，倒完後墨水無法吸收，流至地上污染環境又浪費損身。若稍加注意都是可以為環境盡一份心力，老師以身作則的效果遠比苦口婆心勸導學生感恩惜福來得實在。

聖經林前6：12章節云：「凡事我都可行，但不都有益處。」對於補教界來說，有些補習班猛開班級，進度班、時段班、總複習班、假日班、衝刺班……等林林總總。或許每種班級的開班為了多增加收入屬無可厚非，但說實話有些班級採急就章的方式，在短時間內塞滿一堆知識灌入學生腦裡。不只沒有成效，反而還讓學生的知識學習錯亂。教育是百年大計，無法將學生當成飼料雞來填，學生唯有在循序漸進的環境下才能充分吸收，相信所有從事教育的業者都明白這一點，以前或許為了賺錢而疏忽了學生的感受，但現在補習班進入另一個階段應該更加人性化，以重視學生的身心發展為前提，不要有死馬當活馬醫的想法。如果明知設計的課程有愧於學生，這樣賺到的財富捧在手裡也會覺得心虛。

127

再者，對於學生的品性教育也是在補習班發展過程中應當列入的重點項目之一。要求學生至少主動說：「請、謝謝、對不起！」絕對是必要的規矩。台灣有句諺語「富不過三代」，筆者看過很多第一代努力奮鬥，賺了天文數字的銀兩，第二代乃至第三代全部揮霍殆盡。其實事出必有因，在道德觀念嚴重缺乏的情形下，物慾指數飆高，價值觀偏差，導致一步錯步步錯。或許在少年時代，學校或補習班能夠稍加關心每位學生的心裡想法，在長大的過程中就能受用無窮。

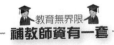

流浪教師的最佳選擇
Best choice of an unemployed teacher

　　一個故事是這樣的，有位教育大學畢業生拿到教師證後，連續四年參加教師甄試，奈何缺額太少或根本不開缺，年年落榜，又年年重蹈覆轍。最後索性與學弟一起在母校校門口賣起紅茶，取名「流浪教師」紅茶舖，將教師證高掛在攤子上，引來學弟妹的關注，生意頓時好了起來。

　　上述的故事多少對學校及現在師資培育制度有諷刺意味，卻是真實故事，且只是冰山一角。據統計，十年來取得教師資格人數已將近十萬人，順利成為教師這一行卻只有不到一萬人，超過九萬人也順利成為流浪教師。然而，年復一年的名額出缺始終僧多粥少，過了幾年有些人死了心轉行去，但也有一些人堅持不懈，每年仍然提著大皮箱南征北討，爭取著不到1%錄取率的機會。這對於求學過程汲汲營營一心想要成為老師的人來說，報酬率與努力實在不成正比。更何況學校為了培育一位老師的花費不貲，因為現實的環境最後卻沒有學以致用，這是何等諷刺。

　　另一個現象是，在補教界也始終出現人才缺乏的問題。有些補習班因為諸多因素，老師流動率高，青黃不接，嚴重

129

影響學生受教權力。而絕大多數補習班聘請的老師也沒有教師資格，這無形中增加了補習班訓練教師成本。體質佳的補習班還能負擔起這些費用，但小規模補習班只能自食其力了。綜觀這些現象，可以解決的方式便是讓流浪教師流到補習班任教。如此，可以延續教學生命，再者，補習班的體質也可以大大改善，一舉多得。然而事實卻不是如此，許多流浪教師認為補習班不像學校有保障，福利制度不健全，又比學校「操」，實在不願意屈就於補習班。最後沒辦法只好隨意找個與教學完全不相干的工作，暫時餬口，再等待機會，無形中就這麼蹉跎了人生中最精華的時光了。

因此，鄭重向流浪教師建議，及早認清現狀，同時相信補教業也可拓展出一片春天。給自己一個機會，不向命運低頭，突破困境，讓自己的教育理想早日也能在補習班實現。

補習班可以給老師什麼

Benefits supplied to a teacher by a learning center

對於一位老師來說，最重要的必是有一個舞台可以發揮。除了學校外，補習班也可提供這樣的舞台。此外，老師還需要外援，包括教材的準備、教具的支援、行政的協助，讓老師可以安心認真教學。

此外，就像前面所提的聖誕節許願卡祈禱活動，筆者的補習班除了讓學生寫之外，也讓老師寫上他們的願望。當然補習班老闆就要盡量滿足老師的願望，讓老師在這個溫馨的節日感受補習班的溫暖，也正好對老師表達一些敬意。主任關心老師，老師關心學生，形成一個良性循環，這全端賴補習班是否用心。有時老師的流動率高不見得是福利制度不好，而是老師感受不到一份溫暖。

人跟著制度走，制度跟著利益走。利益分成二點，有公利與私利，公利代表一位老師在補習班或學校建立的好名聲，這好名聲不一定是錢可以換來的，留個好名聲或許換來的是業界的挖角。因此身為老師，眼光應放遠，培養自己的好名聲，留給人探聽。即使遇到經濟不景氣，許多人只想保

131

住一份飯碗時，由於自己的好名聲，根本不必擔心碰上沒有工作，工作自然就會來找你。

　　或許和公立學校相比較，多數補習班無法給予老師退休金。但相對的，在補習班只要有努力就容易獲得回饋，對於敢衝、敢付出的老師，絕對能夠將自己的潛力爆發出來，獲致豐碩的成果指日可待。因此，事在人為，在補習班的環境仍舊可以大展鴻圖。

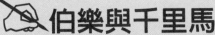

伯樂與千里馬
Talent scout and talent waited to be found

　　在職場裡，如果是一匹好馬，不管這馬再怎麼野，伯樂都會留一個位置給他，一定會全力配合這馬的需求。但若只是匹虛張聲勢的馬，自以為是，以為自己已經全部到位，但這完全逃不過伯樂的法眼。

　　當檢視一個班級的成績問題時，曾有一位老師說他明明按照SOP制度走，輔導學生、電訪報告家長、預估成績等，這些都是完全沒問題的。但一次考試後，學生成績卻不如預期，甚至與預估的落差甚大，這到底出了什麼問題呢？後來仔細探究，發現老師同一份考卷給學生練習了六次，授過課的內容也有不當重複的現象，學生似乎對老師上課的內容興致不高，整班稀稀落落，沒有向心力。伯樂發覺這老師已經亂了陣腳，沒有個教學的次序性。

　　有時老師一次授課太多班，又沒有做好管理，很容易牛頭不對馬嘴，混淆不清。即使是一位名師，沒有經過消化便匆忙上場也容易打敗仗，何況一位功力還未成熟的老師，就更需用心在班務及教學上。

　　一位老師聽了補習班的制度，也學了補習班的制度，但

133

沒有融會貫通，就像一輛蓄勢待發的跑車，忽然電池拔掉，電路無法串連，任再怎麼加油都使不上力。如果一位老師發覺自己似乎也陷入解不開的泥沼，趕緊找一位伯樂來看看問題在哪裡，如此才得以對症下藥。

真教育、賣教育之別
Difference between a real education and educational selling

　　每個人都想賺大錢，但越是高收入的職業，難度越高，風險也越高，這是不變的道理。一位初出社會的補教老師，胸懷大志，想一展長才，好好在自己的事業上闖蕩一番，也有一張亮麗的文憑，配上稍微迷人的外表，妝扮合宜，剛好看到新聞上許多補教名師光鮮亮麗，開名車住豪宅，也想盡辦法如法泡製，這樣的思維就正好中了所謂「賣教育」的荼毒。

　　真教育與賣教育只是一念之間，「心」最重要。筆者一開始經營補習班時，當然也會碰到許多挫折，那時心裡想的只有「好累！因為有做不完的事」或者「林同學要如何使他成績進步？……」而非「好累！因為那麼辛苦，賺的錢卻這麼少。」剛開始，擔心這擔心那，擔心學生成績無法好轉，無非希望更下工夫在學生的成就上，讓口碑起來。的確，在外表上，學生同樣來補習班，接受補習教育，接收同樣的知識，補完習回家，似乎看不出來真教育與賣教育的心態差異，但真的沒有差別嗎？答案是一定有差別。在細節上的差

異，眞教育對學生是自然流露出關心，讓學生感受到溫暖；而賣教育的機構可能沒有溫度，久而久之，洞越來越大，連最基本對學生的噓寒問暖都省了，這在一開頭那顆心擺在哪裡就已經決定日後的結果。

　　筆者始終認爲若是眞心的爲教育，不相信老天會滅掉這個好老師。俗話說：「富不過三代，窮也不會超過三代。」在教育上，一位老師努力地耕耘，或許不會立刻開花結果，但撒出去的種子是恆遠流長的，口碑不會立刻擺在眼前，但將心量放大，不爲眼前的小利計較，而是爲學生的大利著想，才是眞教育的精義。

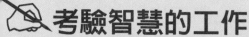

考驗智慧的工作
Job to test your wisdom

　　教育是百年大計，因此這份工作已經不是上下班這麼簡單，一個老師到補習班上班，配備不外乎電腦、講義、教學資料。若這位老師從事的是真教育的工作，則以頭腦做事，回家後另外再建立自己的資料庫、圖書庫，甚至自家的藏書閣，隨時充電，吸收新知，在教學上求新求變。

　　大部分補教老師上了一天班後，身心俱疲，雖都是站在講台上靠著三寸不爛之舌獲得報酬，卻好似比勞力賺錢還要費體力，畢竟講話也是相當傷元氣的。但日復一日這樣的工作，老師還是需要找出空檔時間充電一番，如果沒有這樣做，與一般上下班或靠勞力工作者有什麼不同？

　　補習班老師面對更多的競爭壓力，更需要在教學上下功夫，這樣才能走得更長遠。

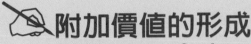

附加價值的形成
Development of value-added

　　現代人的觀念常強調附加價值,例如一個產品的推出,如何將其附加價值提高,便有助於提高其產品的售價。因此,在我們的周遭常可見附加價值的顯現,一根不起眼的小鐵絲彎一彎、轉一轉,形成了一個迴紋針,附加價值於焉產生;一棵小盆栽上頭綁一綁象徵喜氣的紅絲帶就成了發財樹;小電扇利用USB接線就可與筆記型電腦結合,提到哪涼到哪,以上都是附加價值的例子。

　　補教老師是個附加價值相當高的職業,怎麼說呢?除了作育英才的基本功能外,對於口才的訓練、口條的建立都有相當的影響,在備課過程中也能建立起一套組織架構,雖不到辯才無礙的境界,卻也能對大眾侃侃而談。

　　一位用心經營自己的老師,經過了一段時間後,身價自然上漲,這是最直接的一項附加價值。換句話說,本來是應徵找工作,現在是直接讓人來挖角,自心獲得成就。

　　若更進一步,則可自己開班,實踐自己的理想。當然自行開班將牽涉更多更廣泛的經營層面,入門門檻低,要經營得有特色,有好口碑,就更不容易了。若這是一位充滿理

138

想的老師必經之路，不妨視為一項使命，或許會遭遇許多困
難，但只要有老師相挺，都會迎刃而解。

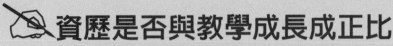

資歷是否與教學成長成正比
Direct proportion between seniority and instruction growth

　　由於少子化的衝擊，教師缺額一席難求的情形下，在目前的學校制度充斥著一個現象，就是「後進先出」。當某所學校因為班級數減少，必須解聘老師時，以最後進入這所學校的老師優先解聘。也就是說，依最資淺的資歷開始砍人，不管這位老師多麼認真，教學多麼神勇。這個現象雖值得探討，但在現實面及整體教育制度面的考量下，不得不以這種方式進行。

　　但在補習班，一位年紀輕、資歷淺的老師卻不需要面臨這個壓力，只要這老師有衝勁，肯學習，教學帶班有一套，很快就能獲得肯定。相對地，如果一位補習班老師仗著資深，教學不再精進，永遠停留在那一百零一個招式，在日新月異的洪流下，可能只剩下軀殼了。

　　自從全民健保時代來臨，許多傳統的診所慘遭淘汰。曾經這些診所也風光一時，老醫師頂著高學歷、高明醫術的光環，到如今只剩下捉藥、在一堆傳統病歷表中打滾。原因是年輕一代醫師吸收新知，引進新式的儀器或治療方法，療效

比起傳統方式更佳，傳統的醫師沒有接收新知，病例的建檔更是以手寫方式建立，這樣的診所就會自然淘汰。

因此，奉勸老師不需要一直停留在過去，即使同一堂課已經教了二十年也要備課。因為每一次備課總能找出新的點子，這樣才能持續進步。資深不代表萬靈藥，不努力的老師在任何補習班都將很快遭到淘汰的命運。

壹、專業補教老師養成篇
Culture of Professional Learning Center Teachers

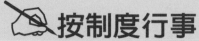
　　一個成功的企業必定有一套完整制度，例如生產線的制度，規格、操作、預測現在及未來供需，照做就很容易上軌道。將制度弄好、完善，可以杜絕很多弊端，人在制度下工作，不規矩也會變成規矩。

　　一所補習班也可以像一間大企業一樣經營，建立一套SOP教學制度，大家遵守這個制度，老師有老師的制度，行政有行政制度，主管有主管制度，如此體質就不會差太多，學生的學習也能獲得保障。

　　當然，老師面對學生，學生有千百種個性，不同個性會有不同的管理方式。因此，在一套標準的制度之下會有彈性的伸縮空間，若把這項神聖的工作視為當兵，過一天算一天，不知變通，每天算日子，吃大鍋飯，那麼這套制度對自己就毫無意義。若每個老師都能將補習班看成是自己經營的補習班，那麼這制度就會非常有意義，並且會主動且大聲關心起學生，端看心態如何而已。

　　一項制度做成後，也要不斷檢討改進，不失人性，合理給予空間，個人績效評估就是要加強個人榮譽感、成就感。

補習班對於好老師給予表揚獎勵，一份耕耘，一份收穫，讓老師覺得公道、公平，讓老師有成就感。

　　一個遵守制度的老師，在哪裡都可以建立起名聲，發揮真教育的精神正是如此。無論這老師走到哪裡，都還是可以與原補習班建立良好關係。

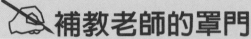

補教老師的罩門
Achilles' heel of a learning center teacher

人生的過程中面臨許多考驗都是必然的，補教老師在教學現場常會遇到一些問題需要解決，不同的處理模式就會有不同結果。有的結果可以製造雙贏，有的卻可能釀成大災難，端視個人的經驗或智慧判斷。有的老師在現場教久了，逐漸養成一種習性，這習性是由經驗累積而來，也可能對於未來影響深遠。好的習性當然繼續保持，並發揚光大，但不好的習性應該及時改正，以下提供幾項情況及建議供參考。

EQ控制不佳

有些老師看到學生不遵守班級秩序，便大發雷霆，彷彿學生犯下滔天大罪，罪不可赦。並以極度不當的方法處理學生問題，常常不分青紅皂白處罰學生，造成師生嚴重衝突，這些老師在情緒控制及EQ管理顯然失當。以下幾點情形常是這類族群併發的狀況：

（一）疑神疑鬼：學生傳紙條、交談都被解讀又在說老師

的壞話，任何舉動都被老師用最敏感的小鼻子小眼睛看待。

（二）忽然大小聲：脾氣一來立刻對學生大吼大叫，學生全都驚慌失措，造成難以抹滅的心理創傷。

（三）甩門、摔書：老師什麼也不說，當眾摔門或將書擲到地上，發出極大聲響，也足以把學生嚇得半死。

（四）情緒起伏不定：忽然當眾大哭，或默不作聲，陷入極度悲傷當中。

此外，EQ不佳的老師在處理行政事務也相對會有異常的舉動，對家長的溝通只是一味地扮演告狀者，而不是聆聽者。有些兼班主任的老師，背負許多重責大任，當EQ也不好時，對於班內同仁的和諧也造成傷害。班主任恨鐵不成鋼，真性情的流露往往失去理智。因此，老闆與員工都應時時檢視自己的EQ，不讓憾事發生。

孤芳自賞、膨脹自己

有些老師素稱有一套獨特教學方式，聲稱能使最拙劣的學生一學即會，但學生聽完之後仍然「霧煞煞」；也有的老師用盡心思裝扮自己，儼然大師模樣，但上起課來卻沒有料，備課顯然不足。當其他同仁或主任好意提醒卻不思改

進，仍然認為自己的教法完美無缺。有位老師教數學，用的方式就是一直讓學生抄筆記，將題目及演算方式從頭抄到尾，學生不需思考，只是一味地抄，完全沒給學生計算的空間，也沒有練習的時間，也將班主任的建議當成耳邊風，等到學生在校成績出來後慘不忍睹，卻找一大堆藉口搪塞。直說：「我這樣沒什麼不對啊！因為學生都喜歡呀！」若因為這樣的教學方式，將一位原本有資優潛力的學生變成庸才生，這位老師肯定必須負絕大部分責任。

身為老師如果容不下別人的意見，自己的杯子一直處於滿溢狀態，吸收不了新知，認為自己的教法才是最行的，別人都是次等的，這是相當危險的。沒有任何人不需與人交流，沒有任何知識可以處於最新，一勞永逸。因此，常吸收新知，適時投資自己，聽演講、閱讀相關參考工具書籍都是必要的作為。

此外，還有些老師過分膨脹自己，任職沒有多久，自認為班級人數增加了全都是自己的功勞，甚至做了很多事，沒有功勞也有苦勞而要求加薪。但翻開所做的工作，全是一位老師的基本工作，如輔導、電訪、教書、出考卷，這是老師的本分。一家補習班必然有考核制度，或者班主任心中有一把尺。老師若自認為這補習班撐起一片天，非自己不可，沒有了就會倒，而以此要脅，與補習班對抗實是不智之舉。不妨以理性看待此事，有時時機到了，自然水到渠成了。

遺三落四　忙盲茫的老師

　　大部分的老師皆將自己的教材、教具整理得井然有序，以應付隨時上台教學。有的老師甚至拖著小型行李箱到處跑，猶如行動教學車，應有盡有。但也有一些老師，常有出槌狀況，課本忘了帶，甚至遺失了，白板筆也忘記放在哪裡，教學彷彿可以隨心所欲，漫不經心。有的老師為了挑書，請書商大費周章拿了一堆來補習班，有時一次不滿意，書商又拿來一堆，彷彿選美，老師卻不願直接至書局走一趟，這都是身為老師的錯誤示範。

　　另外一種老師，不知為何原因，總是相當忙碌，忙著寫筆記、寫紙條、寫卡片，也忙著進進出出，靠近一看，原來做的都與教學無關，等於做白工。也有一種老師，「故意」裝得很忙，為何如此呢？因為要表現給主管看，留得越晚表示越努力，留得比主任越晚越有責任感，越感到個人的存在，這樣就能增加心中的安全感，在補習班較不會被指責，這種忙得文不對題真是一個陋習。

　　有的老師花太多心思在非教學內容上，對學生下很多功夫。當然照顧學生是必要的，但是太過也會有極度不良影響。有位老師人緣很好，深受學生愛戴。學生生日這位老師全都會準備禮物給學生，還附上內容密密麻麻的卡片，假日也與學生相約外出，這種廣結善緣的方式固然可與學生建立

良好互動。但若影響了教學，變成本末倒置，學生純粹只是要與老師見面而來補習，而非爲了讓自己成績進步，這樣子的方向全錯誤，動機可議，絕對不可取。老師寧願單純當個老師，讓學生成績進步爲首要，應切記。

不斷騎驢找馬

現在的年輕人若讀完大學、研究所、男生服完兵役通常約在24〜25歲正式進入社會工作。有些人順利就業，立刻就找到與自己興趣相吻合的工作，有的人則尋尋覓覓，不斷嘗試新工作。剛開始由於方向未定，換工作乃是確認自己的方向。但有些人工作換上癮了，每個工作做不了多久便離職，只因小挫折或小壓力，如此已經失去換工作的意義。年輕人每換一次工作就會跌一次身價，怎麼說呢？不斷換工作時，應徵新職務時，老闆不免懷疑起這人過去究竟是吃不了苦還是另有原因？一位初入補習班的老師應該越挫越勇，才能在30歲時穩定下來，否則必定還是擺脫不了再應徵的情境。

班主任**隨筆**

・補習教育的啓思

　　美國教育學家杜威講：「生活即教育！」生活中的每個層面都是教育，紅樓夢第五回也講：「世事洞明皆學問，人情練達即文章。」在最近的全國校長會議中提到，教師也須列入評鑑。這是為了預防老師留一手，到補習班再講解，這是早期許多學校老師兼補習老師都會採取的一種手段。為了讓教育更專業，老師的心態很重要。在個人的教學生涯中，由補教界再到教育界，學校上課與補習班上課內容完全一樣，務使學生完全吸收到公平、完整的教學內容，這是無論補教老師或在校老師都該有的基本態度。

　　綜觀歷年來諾貝爾得主，由一九五七年李振道、楊振寧博士獲得諾貝爾物理學獎算起，至今年二〇一〇年劉曉波獲和平獎，華人獲獎剛好突破二位數：十人。若以人數總量來算，華人包括台灣、新加坡、香港、中國大陸約占世界總人口的四分之一。五十三年以來，若計算六個獎項中總獲獎人數（包含共同獲獎者），總計約五百人獲獎。若以人口比例計算，華人至少應獲獎一百二十幾人，但實際只有十人獲獎，這顯示華人的教育方式是否與西方的主流教育無法呼應。嚴格說來，華人孩子認真程度絕對不亞於其他國家的孩子。在台灣，我們也看到許多學校為了凸顯差異性，表現自己的特色，老師和校方夜以繼日地付出，認真的程度已經無法言喻。但東西方教育及文化的差異使得結果大不相同，以教學面來說，國外的教育方

式，是由老師鼓勵孩子大量閱讀，例如：社會科（***Social Study***），老師開了十四本書單，先讓學生了解足夠的背景知識（***background knowledge***），然後上台報告，一方面也訓練孩子的口才、說話條理及思辨能力；而台灣孩子以考試為主，上台表達能力比較差。洪蘭女士在其《理直氣平》一書中提過，當年前教育部長曾志朗帶學生科學競賽隊伍至荷蘭參加比賽，發現明明在空氣汙染噪音監測的實驗，提出非常好的點子，結果卻輸給大陸隊伍，沒法得到冠軍。原因在於大陸學生的上台表達能力比台灣佳，條理清楚分明。台灣有這麼好的實驗結果，卻敗在口才應變能力差，表達能力弱，確實可惜。

教育部雖然目前積極推廣閱讀教育，仍然受制於紙筆測驗。有媒體報導，據統計一位國中畢業生，最少寫過三千張考卷，每天都是在訓練考試、考試，學生閱讀面不廣之下，只局限在考試範圍的知識攝取中，狹隘了視野。為何華人世界無法培育出一位***Bill Gates***，我們必須探討教學面是否出了問題。我們知道教學須先觀察，進而歸納、整合、思考，再推理出脈絡，然後定義，教孩子探索、發現，然後得到現象，而補習教育的主要目的在於教孩子歸納整理。

補習教育輔助正規教育，對學生的歸納整合也具有一定的養成影響。學校教育多照本宣科，依課程章節順序上完，有的學生天賦異稟，學完之後就會自己整理重點，歸納成冊。但有些學生需要老師循循善誘引導，建立習慣後，能夠有條理地整理重點，形成一種模式，美國總統***Obama***花了四十五億美金，要美國的孩子從幼稚園階段就學習工程學，為何要如此？

150

在台灣可能在大學才會出現的名詞，在美國由幼稚園至高中，每學期需有十五個小時進行基礎工程學的課程。例如幼稚園教三隻小豬的故事，孩子利用牙籤、竹筒、紙板等材料，製作三道關卡，第一道關卡要有聲控，第二道關卡要有按鈕，第三道關卡設計一道堅固的門，不讓大野狼進來。從小教小孩子學習工程學，利用現有材料設計出東西，由實做中學習，目的要讓孩子將知識與生活相結合，產生新的科技與新的創意。

一個人的創意大多先知道過去的知識，從過去找經驗，累積經驗再發明。在日本自助旅行時，我發覺許多小飾品都被賦予感情。雖然主題一樣，但內容個個不一，凸顯每件飾品的獨到特色，因此也不須削價競爭。同樣的，我們希望孩子能夠朝向創意（*creativity*）、創新（*innovation*）、創未來（*future innovation*）發展。舉例來說，日本富士通、*SONY*公司，設計部門全都聘請如東京大學畢業等高階人才，進入後也並非馬上就可上線設計產品，而是先學習過去的產品、過去的知識，學習以前的工程師走過的歷程，直至*35*歲後才進入設計台，設計新的產品。目的就是讓人先了解其連結性，先了解過去才能創新未來。而大部分的原則是改良現有產品，極少無中生有，因此了解產品演變過程很重要。

在學校，老師教基礎課程，但如果學校老師能再補強補習班老師歸納整合的區塊，相信對某些部分學生會有很大幫助，對於尚未學會歸納整合的學生來說將是一大福音。老師總結歸納模式，也讓已經學會歸納的學生有個觀摩的機會，知道自己整理的內容和老師的差異性在哪裡。歸納整理並非填鴨式教育，而是對於章節的統整。或許有

151

人會說，本來就是需要讓孩子自己去發現、分析、統整、歸納。但有些孩子是沒辦法的，仍然需要老師拉一把。原因是有些學生受制於腦力素養訓練不足，洪蘭教授指出，要孩子書讀好，*memory*最重要，腦部組織神經元連結越密集表示越聰明。當然營養很重要，早餐一定要吃，醣類充足才能提供腦部一定的營養。在學習面上，熟悉度及訓練度要夠，背景知識加上老師整理歸納，老師整理歸納之前，要求孩子自己先做一份，避免只是抄襲老師。

教育千頭萬緒，是生命與生命轉變成長的一種對應。當一位老師踏入教育界，其出發心便是教育好我們的下一代，培養孩子的競爭力。在美國哥倫比亞大學，某扇門一打開，裡頭可能有*200～300*位諾貝爾得主，希望未來台灣的大學也能培養出這麼多優秀的人才。朱經武博士說：「我們可能無法創造出天才，但我們可以培養人才！」同樣的，補習班也能存有抱負與使命感，為培養台灣的人才而努力。

・補習班對孩子的影響

個人的教書生涯中，也自認啓發了不少學生，震撼了他們的生命，讓思想觀念得以改變。曾經一位學生年少輕狂，荒廢學業。進入補習班後，發現他頭腦好，反應好，紀律不錯，只是怠於學習，等回過頭想要學習，*power*還是存在。印證一句話：「好的孩子教不壞。」另外也曾碰過有的學生從*C*班、*B*班到*A*段班，一路奮鬥，補習班也陪他走過這段艱辛的過程。曾經有位學生來到補習班，一開始每天晃晃晃，後來自己覺悟了，知道這樣也不是辦法，

回來求我們：「老師！是不是能把之前遺漏掉的課程迅速幫我整理，幫我複習……」我接受了，於是每天都幫他上到晚上十一、二點。剩下半年時間基測，荒廢兩年多的課業，最後終於救回來了，許多本來不想讀書的孩子過了一個瓶頸後，加上有人關心最後都能自動自發讀書。

　　另外，我們也觀察到另一個現象，許多曾經是資優班的學生進入了社會似乎都淹沒在荒煙蔓草中。「守成有餘、開創不足！」並非資優教育的目的，一個真正資優的學生應仿照各國培養人才的做法，讓其資優的領域得以發揮，孩子也在一番作為後開發出不同的局面。

　　在現今的教育制度上，補習班仍屬於輔助教育，支援主流教育。但教育不分你我他，大家一起努力，也不可能只有在主流教育下才能教出真正的人才，歷史上有許多例子值得借鏡。例如發明四角號碼檢字法、編纂大字典的王雲五教授才讀過五年私塾，卻靠著自學成就一方。現今的許多社會價值觀仍然需要扭轉。

153

• 補教老師的期許

　　我們相信無論學校老師或補教老師對學生的愛心是一致的。但二者不同的是，補習班屬自給自足，有招生上的壓力，教學上相對嚴謹。若補教老師在課堂上表達不清楚，學生將另做選擇，這就是補習班生存壓力的現狀。因此，為了留住學生，軟硬體、教材、講義編排也須更用心，譬喻教具製作盡量符合學生適性學習，投影機、電子白板，現在許多補習班也都一應俱全，設備上一定程度地更新。

學校慢慢也朝向電子化發展，學校老師也開始感染了教學上的變革。因為教育本身有滲透性，相互影響之下，學校老師與補習班老師教學相長，成為合作關係，非競爭關係，有著共同觀點：即成材成器。將孩子由一個人口，教育成人手，再由人手教育成人才，再由人才教育成人物。人才代表成功，人物代表成就，成功不代表成就。人生的目的與價值有二個，第一自利，第二利他。自利只有人生的一半，就像地球自轉，利他就像地球公轉，除了自轉外，再利益整個自然界的平衡與規律，才會有春夏秋冬利益全體生命，因此，自利與利他才是人類的最終價值。大自然界是美妙不可言喻的，全都符合自利與利他的標準，才能永恆。

大陸最大補教機構新東方學校創辦人俞敏洪說：「從絕望中尋找希望，人生終將輝煌！」俞敏洪北京大學畢業，留在學校當助教。後來離開學校，租房子沒有錢，以教房東孩子英文抵房租，漸漸學生越來越多，終於發展成這等規模。

小時候讀書即立志立大業，積極樂觀，有志氣，爆發力無限。在美國富翁群裡，猶太裔占四分之一，只有一句話，不培養孩子優秀，只培養孩子唯一。換句話說，只希望孩子專注在某件事物上，不培養與眾不同，只培養唯一，教育的模式影響孩子。反觀台灣教育仍以傳統記問之學為主，考過了就自動忘記了，這樣的教育模式對於競爭力起不了太大的作用，仍有許多長路要走。

許多國外的教育，如美國、印度，許多考試沒有所謂的標準答案，只有申論題，在考前會有所謂的前置作業，讓孩子先閱讀一些書，充足*background knowledge*

（背景知識），摘記重點，歸納整合，綜合自己的觀點。但在台灣，答案不容挑戰，在升學主義下，學生錙銖必較，失去許多真正吸收知識的意義。因此，我們贊同大量閱讀，不一定要考試，實驗也可以打分數。標準答案的測驗是對老師的不信任，這話怎麼說呢？這表示老師對於申論題的判斷無法給予最公正的評分，其他如報告、實作、歸納型式的評量也無法令人折服。這是當今緊張的升學主義下信賴感薄弱產生的副作用。

　　學校教師在外補習，在課堂留一手，出題方向或多或少都有影響公平性。老師失去客觀，政府沒有把關，進而影響免試升學，免試升學名額一直無法提升，就是對老師沒信心。一個真實的例子，某社會科考試，是非題題目為中國是禮儀之邦，學生打**X**，學生答：「哪有！在路上大家不遵守交通規則，看到車子來，全部擠成一團。本來排好的隊伍，全都散了，老師早上來到學校躲在後面吃東西……」孩子也沒有錯。因此，在這兒我們必須呼籲補教一定要分離，也就是說學校老師不可再擔任相關聯的補習班老師。以前或許小學教員的薪水微薄，課後為學生補習貼補家用。唯時事變遷，不需再與補教老師爭一份工作，也容易影響隔天上課品質。

155

溝通的藝術
Art of Communication

- ■ 家長
- ■ 老師的應對
- ■ 與學生溝通技巧

教育無界限
補教師資有一套

家長
Parents

　　許多老師私下反應，與家長溝通的過程中，對於少數不合理的要求或尖銳的言詞，的確會讓老師退避三舍，視與家長溝通為畏途，比面對學生的問題還難解決。不良的溝通也常使老師啞巴吃黃蓮，因為有些家長往往斷章取義，誤解老師，再經過渲染，老師簡直七竅生煙。

斷章取義

　　有個老師對家長說：「恭喜你，本補習班的英語演講比賽競爭激烈，獲獎名額只有五名，您的孩子嘉欣剛好獲得第五名，非常難能可貴……」家長對老師說：「你的意思就是我的孩子吊車尾囉！」另一個老師對家長說：「坤池最近上課較容易分心，且無精打采，是不是在家裡作息不正常呢？」而家長卻滿腹狐疑質問老師：「你的意思是不是指責我在家裡沒有管好小孩……」

　　如果家長充滿負面能量，老師所講的都變成負面的。曾經也發生一件事，補習班舉行英文戲劇表演，其中老師及

學生的角色，全都由學生擔任。某一橋段老師因為學生不用功而發怒，象徵性地捏了這位飾演學生的孩子臉頰。台下的家長看到自己的孩子飾演被捏臉頰的角色立刻發怒，指責飾演老師的孩子，也指責老師，為何要有這樣的橋段，讓自己的孩子在大家面前丟臉。當老師說明這是一場戲劇演出，為達到戲劇效果而安排的橋段，沒有惡意，角色是孩子自己選的，也沒有特別針對他的孩子而安排角色，排演的時候也沒有任何角色表示不妥。但家長仍然無法接受老師的解釋，也不接受老師的道歉（其實我認為老師沒有錯），最後這位家長選擇讓孩子離開補習班，家長的觀念影響了孩子的學習，至為可惜。

千錯萬錯，都是別人的錯

　　不知是學生太聰明，或家長欲蓋彌彰，不少家長對自己孩子的認知與補習班大不相同。有位學生常以暴力相向，或以手臂環住他人脖子，或以腳絆倒他人，或以言語恐嚇朋友不得與其他人好。當這些受害者向老師陳述時，這位學生一概否認，家長也對老師說：「為何百般刁難我兒子，我兒子明明不可能做出這種事，他是一位很乖的孩子，人人都誇獎他的。」

　　直到有次這位學生又故態復萌，將牛奶倒至同學書袋裡

頭，當場許多目擊者共同指認，這位學生卻淡然說：「我不小心滑倒的，每個人總有不小心吧！」隔天媽媽仍然出面：「我的孩子又被你們誤解了，他真的是不小心的……」原來這位學生長久以來的不良行為統統皆可以被合理化，環住他人脖子與絆腳或推人，在這位學生的認知裡皆是再普通不過的舉止，不稱為欺凌或暴力。家長更認為孩子的舉止皆出於防衛，所有的紛爭都緣起於別人的挑釁。補習班若遇到這樣的家長，只能盡可能軟硬兼施，一方面強加舉證，一方面以和顏悅色告知家長，孩子的行為實屬不當，學生在家裡的行為不可能與在校或補習班反差過大（若真有這樣的學生真該頒發最佳演技獎）。因此，當老師告知家長實情，家長應該有底，差別只在願不願意一起與老師面對現實，或只是繼續欺騙自己，掩蓋孩子不當行為，就端賴家長的心態罷了。

舉棋不定的家長

有個家長讓孩子學鋼琴，一心想要讓孩子站上表演舞台。但練琴是個漫長的過程，欲達到精熟的境界需要付出相當大的努力。一般孩子漸漸長大，面臨升學的壓力，學琴也到達一個瓶頸，重心逐漸轉移。但這位家長不放棄希望，仍要求孩子二者兼顧。當家長一心一意栽培孩子，卻不知孩子的體力有限，在現實與理想的衝突之下，只能看著孩子來

補習班的背影駝了又駝，許多問題也接連發生。當孩子本來能夠補習的時段因為術科的影響，常常要表演，也全都打亂。表演完或遇到長假，家長心疼孩子，讓孩子休息，故常又落掉許多課程。幾次下來累了孩子不說，也累死老師，因為老師必須進行補救教學，孩子卻常無法配合，家長高標準的期望只有引來孩子一次次的失落。最後，請家長來一趟補習班，我說：「請給孩子一個空間，魚與熊掌是不可能兼得。補習班已經盡量配合你，幫孩子補課，幫孩子調整時間上課，做客製化的照顧，但孩子仍然沒有起色，我相信這問題出在您本身。希望您今天做個決定，將主次搞清楚，確實分配好時間，對孩子才是有幫助的！」

　　寄望未來十二年國民教育的推行能夠打破傳統升學思維，但目前台灣的教育仍偏向以學科為取向的升學主義。若要就讀音樂班或音樂系，術科成績也要建立在一定的學科程度基礎上，筆者看到許多孩子顧此失彼，捉襟見肘，卻不知問題出在哪裡。父母更是以為孩子不用心，不認真讀書。也有許多父母將自己的興趣當成孩子的興趣，將自己未完成的理想安排讓孩子完成，卻不知孩子是獨立個體，父母是無法一手掌控的，因此讓孩子適性發展才是真正為他們好。

一段美麗的誤會

　　許多事件的發生往往都是由小而大，由點至面，小小的誤解加上大大的渲染，結果往往一發不可收拾。

　　在補習班裡，由於孩子的不當傳達，使得老師遭受不白之冤，也使補習班被加諸莫須有的罪名。有次，一位家長氣沖沖打電話來，說補習班真小氣，給孩子吃的點心只有一塊餅乾，孩子一路餓肚子回家，班主任直說不可能。查證後才知道，孩子在上課中表現良好，老師發一片餅乾做為獎勵，卻很湊巧這塊餅乾正好在點心時間前後發放。一個小二的孩子誤以為這就是點心發的餅乾，老師也不會特別對孩子解釋：「小明！乖！這是獎勵的餅乾，不是點心時間的食物喔！」孩子將疑問放在心裡，越想越不甘，回家二話不說，直指老師及補習班小氣，所謂誤會大了正是如此。

　　有些家長不會透過正式管道向補習班查證，而是直接認定孩子所說的就是事實，且四處免費幫補習班負面宣傳，這樣的現象其實在許多公司企業也是如此。

　　另外，還有一種情形也是常見的。家長來電指責，第二天就要段考，為何老師還提早下課，不讓孩子留下來複習。查證結果，學生說：「老師，我肚子痛！要提早請假回家……」但學生打電話回家向父母的解釋卻是：「老師說明天要考試，複習完了可以早一點回去，我已經全部複習完

了，老師准許我回去……」老師與家長全被矇在鼓裡。後來為避免這情形再度發生，我要求補習班老師或櫃台拿起電話與家長確認，防止學生偷渡成功。

　　有些學生擅於演戲，運用小伎倆瞞騙老師，許多老師被騙後直呼：「不可能呀！我怎麼會被這麼乖巧的學生騙了！」沒錯，將老師騙過的大多是贏得老師喜愛的學生。因此，建議老師應實事求是，以理智取代情感來判斷事情，免得又被唬弄一遭。

得理不饒人

　　有次補習班收取書籍費用，收取完後發覺少算了二本書錢。於是發單子向家長補收，說明這是補習班的疏忽，並對家長致上歉意。隔天，有位家長打電話說這是補習班的錯誤，不應該簡單一張紙就要求家長補繳。並舉許多例子，當超商或大賣場的商品標錯價格時就應認賠，這是天經地義的，補習班也應採取這樣的行動。並要求全面收回這張補繳單，對所有家長一視同仁，說得義憤填膺，也強調這不是錢的問題，而是要爭取一份正義公平。相同的例子也有另一椿，有位家長嫌補習班的桌子下方有一橫桿，學生坐時若腿伸太長便容易卡住，她的孩子就是常卡住的那一類，於是要求補習班應更換桌子。仔細想想，這桌子並沒有壞，且只使

教育無界限
補教師資有一套

用五年，說新不新，說舊不舊，只因下面有一橫桿。如果只是為其孩子更換，必須連同椅子一整組更換；若只換這一組，整個教室便顯得突兀，於是與家長表明無法更換的立場。但這位家長仍鍥而不捨，同時全面要求更換，這樣子他的孩子就不會被視為異類，這樣才能保有孩子在補習班的自尊。無獨有偶，另一個例子是訂便當事件。平時補習班為方便學生下課後趕補習，直接代訂便當，欲訂便當者事先登記，原則上當天登記隔天的便當。但有的學生天天都補習，於是說好不用天天登記，反正由補習班人員幫忙記就好了。有位學生屬於後者，天天來補習班用便當，相安無事。有一天距離上課前半小時，該生家長來電告知不補習，也不用便當，但其實為時已晚，便當早已送到，因此仍記在帳上。後來該家長來跳腳，表示補習班太過分，明明沒有食用便當卻要收費……

以上種種事例皆活生生在補習班上演過，現在都已坦然面對。上述這類家長我幾乎都不探究背後動機為何，也不去深究這位家長的要求是否合理（大部分都不合理）。心裡只想若無法溝通，那就盡量退一步尋求妥協，若仍無法圓滿，就只好祝福他找到更適合之處補習了。

家庭不和諧或單親家庭

我們都知道，家庭的不和諧極易影響孩子的學習與成長。曾經有一對夫妻來到補習班討論孩子的學習問題，因為夫妻倆對於教育方式意見不合，當場吵了起來，身為班主任的我還幫忙緩頰，但孩子似乎見怪不怪，只是淡淡表示父母已經快離婚了。

也曾經有個爸爸告訴老師：「老師！以後孩子的問題您直接與我聯絡就好！」

老師便遵照爸爸的旨意，只與其聯絡。過不久，該生的媽媽氣沖沖跑到補習班興師問罪，為何老師只與爸爸聯絡，並數落爸爸的不是，弄得補習班只有吃悶虧的份。

曾經有位老師晚上十一點接到家長的電話，詢問孩子的學習問題，老師耐心對家長一一說明。等到家長明白後，話題竟逐漸轉移到私人方面，家長表示自己已經離婚，帶二個孩子相當辛苦，唉聲歎氣，怨恨命運捉弄人，老師只能靜靜聽著長達二小時的訴苦。

有時我們感嘆家庭產生的問題是造成孩子行為偏差最大的元凶，有位學生有一陣子成績一落千丈，脾氣變得暴躁，後來得知父母正在辦離婚，這也是身為補習班的我們最無法介入的部分。有時還會看盡人間冷暖卻只能祝福，怎麼說呢？有個學生，平時都是媽媽接送上下補習班。忽然有一天

孩子的爸爸出面，說從此以後孩子歸他，母親不得再來看這小孩，要求補習班櫃檯，只要母親出現立刻報警，或通知爸爸前來。而我們卻知道，母親才是真正對孩子付出的，父親只是擁有監護權，卻一點都不關心孩子，也難怪孩子從此再也沒有笑容了。

　　而最難過的莫過於聽見孩子訴說媽媽如何被爸爸打的經過。而大部分目睹此一經過的孩子皆選擇沉默以對，有時是與同學聊天時才透露，或者相當信賴的老師才會說。因此，真正家中有暴力傾向的狀況可能遠比知道的還多。當補習班聽到這些消息時，也需小心處理。最重要的便是教導孩子如何保護自己。曾經有位學生來到補習班，老師不經意看到孩子的大小腿、手臂渾身是傷，逼問之下得知遭受爸爸的毒打，原因是為了幫媽媽擋架，這樣重大的傷害事件隔天也由校方通報社會局予以解決。

　　另外，也曾有學生表示，看見爸爸帶不同的阿姨回家，學生還生動地描述他躲在門外偷聽房間內的聲音，令我們啼笑皆非。不過，這些家庭問題層出不窮，補習班或學校能做的有限，老師對這些特別的學生更加關心，讓他們感受到家庭以外的溫暖，有個依靠，我想這是最實質的助益。

家長電話狂叩

　　某次有位家長告訴老師，擔心自己孩子的功課問題，想要請教老師如何在家幫孩子複習功課，需要老師的電話，方便下課後聯繫。老師不疑有他，於是給了這位家長電話號碼。起初家長針對孩子的問題一一詢問，老師也適時提出建議。但漸漸地家長不斷地打來，詢問的卻是重複的問題，老師心想：「我這不是回答過了，妳怎麼還問！」

　　基本上，這類家長不曉得自己已經打擾了他人，只是呈現很焦慮的情緒，不斷重複同樣的話語。只要有傾聽者便不斷輸出，傾訴自己的心情。老師在適當情形下可以點醒他們，雖然有時不見得有用，因為家長的確已經生病，只顧著鑽牛角尖，但義正嚴詞表示自己無法每件事都幫得上忙，同時提醒家長應該將事情單純化，不需想太多是必要的。

過度保護孩子

　　有時一件小事就可以讓人人仰馬翻，處理到焦頭爛額。一位小二女學生跟媽媽指控另一位女同學長期欺負她，不管是在學校或是補習班，兩人剛好在校與補習班皆同班，因此戰火由學校延燒至補習班。

　　起初這位媽媽來反應女兒被欺負之事，聲淚俱下、楚楚

可憐，表示自己的孩子長期被霸凌，她自己學生時代也被霸凌，因此完全可以體會女兒的心理創傷。這段敘述不免也令人同情，深覺霸凌者的可惡，應該同聲撻伐。

後來，與任教該班的老師討論這一案子，在補習班裡二人是否依舊有相同的狀況。只見老師一聲長嘆：「唉！」老師說，事實根本不是這位母親所說。其實被指控的小女孩是位乖巧的學生，人緣很好，只是有點少根筋，動作很大，容易不小心撞到他人。而這位悲情小女生屬於纖細型，只要一點點被碰到就回去告狀，說同學故意撞她；同學在校玩傳紙條，這位悲情小女生硬是將紙條攔下，看到內容寫著：「妳好討厭！」便直覺傳紙條者在辱罵她；體育課排隊形，老師要求成散開隊形，過程中該女生被這位粗枝大葉女生不小心踩到腳，同樣回家被刻意扭曲，造成母親對對方的印象更加惡劣。類似的事情不斷在二人之間上演，而該位小女生刻意選擇對自己有利的對媽媽說，而媽媽不斷挺身而出，也讓這位女生心中有個偏差的想法：「媽媽只相信我說的話，不論我說什麼做什麼，她都相信我，她是我最大的擋箭牌！」

媽媽不斷對學校老師、補習班老師訴苦，也要求對方的家長來談，卻始終無解。因為媽媽只相信自己女兒，不相信其他人說的話，也不斷責怪老師無法處理，最後媽媽選擇轉換學校與補習班，不與這些同學同班了。

我只有心想，若問題是出在自己的身上，觀念偏差，轉

167

換到哪個學習環境都是一樣的，依然會碰到相同的狀況。這樣的家長與孩子就只有在不斷衝突與轉換環境中流轉了。

令人敬佩的家長

雖然上述所提的家長看似問題重重，事實上大部分皆是沒有問題的家長，可以配合補習班的措施，也尊重老師的帶領方式，只是這些家長沒有聲音，卻不表示不存在。

有位學生在補習班與同學發生口角，家長第一個反應便是千錯萬錯都是自己的錯，沒把孩子教好，同時一直關心對方不知道有沒有受到傷害，如果是，應該主動去跟對方家長道歉；如果是對方的錯，也願意原諒欺侮他小孩的孩子，同時也告訴他自己的孩子還是要與對方當好友，要更加珍惜彼此的友誼。

這位家長認為這就是社會的縮影，逃也逃不掉，不可能一直保護著孩子到老。因此，他選擇讓孩子面對各種人際關係，不包庇自己孩子，也以身作則原諒他人，讓孩子仿效學習。

其實，我們也發覺絕大部分的這類家長，教養出來的孩子也同樣謙恭有禮，心性穩定，家長正確的處事觀念及身教皆功不可沒。

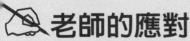

老師的應對
Teacher's coping strategy

　　一位老師面對眾多的學生，教學數載或數十載，總認為與學生應對有什麼困難的，沒有學生聽不懂的問題，只有學生不認真的問題。但事實卻不然，有豐富的教學經驗不代表與學生有良好的互動，也就是說，不一定了解學生在想些什麼，不一定能以同理心對待。有位老師常來抱怨：「奇怪，今年帶的這班資質好像很差，問題又多，很多學生都不知道我在說什麼！」也會說：「我都是為他們好，但這些學生就是不領情！」但真的是今年帶的班級因素嗎？老師一點都沒有責任嗎？

　　以下幾項重點有助於讓老師更知道如何應對學生。

◆積極的傾聽

1.傾聽學生的表達和觀察學生的肢體語言。

2.專注的態度，讓學生感受到老師的重視。

3.對所聽到、觀察到的訊息給予適當而簡短的反應，例如：我了解、我懂、原來如此、難怪你生氣。

◆同理心

1. 站在學生的立場，設身處地、體會學生的感受。例如：林小明，我能體會你的心情，因為老師也當過學生，這次考不好，你的擔心是很正常的。

2. 使用的詞語盡量與學生的習慣和生活經驗相近，以正確的話語，讓學生感受同一情緒。例如：張大同，我看你緊張的時候手容易出汗對不對？老師以前也是喔！後來我檢討自己緊張的原因，是因為常臨時抱佛腳，沒有準備好就上場考試，導致很緊張，慢慢地我開始修正自己，充分準備好才上場，這才改善了緊張害怕的心情。

3. 避免無方向、無頭緒的漫談。老師可以主導談論主題，有些老師對學生一對一說話時，出現太多無意義的旁枝末節，導致學生根本不知道老師的重點在哪裡。舉個例來說，當老師將學生找來想要告訴他最近成績滑落，希望他能夠多用功。結果對學生這樣說：「張小華，你……知道老師找你來談是為什麼嗎？一定猜不到吧，也不是什麼重要的事啦！就是關於這次你考試的成績。當然我知道那一天你比較疲倦，是不是前一晚沒睡好？老師奉勸你不要太沉迷網路遊戲，耽誤學業不說，許多人身體也搞壞了。唉！言歸正傳，就是要專注於學業，這樣對將來才有幫助，也對得起父母兄弟姊妹長輩，當然也不是要為別人而活啦……」只有一個主題，提醒學

170

生多用功，卻牽扯一堆，這是最糟糕的溝通方式。

◆尊重

不先批判，不價值判斷，且尊重家長的決定。有些老師自認為只有自己的方式最好，因此會對家長說：「孩子這樣學準沒錯，我教過多少孩子都是以這種方式學的。妳看，他們現在的成就多高呀！」結果效果並不如預期，造成老師與家長雙方誤會加深。檢討原因，乃因很多事情因時因地不同就會有不同的對待方式，相對也會有不同結果。

每個人都希望受到尊重，家長也不例外。以前或許老師是權威的表徵，說什麼都是對的，但現在老師若仍以威權的方式對待家長，或許很快學生就跑光了。

◆真誠

一位老師表達真摯的關懷和協助的意願，學生年紀不管多麼小其實都可以感受的到，只要發自內心。有些人或許會說：「有時個性上就是無法展現真誠的模樣，如何能夠讓孩子感受的到？」錯了，真誠還是可以靠後天學習的。有位老師深獲學生喜愛，這位老師的舉手投足好像有股魔力，讓大家看到她的真心關懷。但是這位老師告訴我，其實以前她並不是這樣。學生與她有一段很深的鴻溝，總是無法跨越，後來慢慢藉由觀察孩子的感受，適時給予言語或是肢體的關

懷。慢慢地，與學生建立默契，一點頭、一投足都可以表示一種關心，學生也能夠充分領略到老師的關心。

因此，當對學生的關心建立後，很快家長也能夠看見老師的關心，家長就像孩子的反射，對孩子施與什麼樣的關心，就表示對家長也施與相對的關心，這是最真誠的表現。

◆具體

以具體的詞彙協助家長討論。問題必須具體，討論才可能解決。例如學生不做功課，可以具體的問，為何不做那一項功課？要引導至特定的主題和方向，例如：什麼？何處？何時？誰？如何？當然，有時常見到家長為學生說情，告訴老師：「唉！昨晚我們做生意太晚，作業又忘記帶去寫，他也跟著沒吃東西，肚子一直咕嚕叫。老師，您就准許他一次不用寫吧！」老師當然必須視實際情形給予彈性，但還是必須告知破了太多次例長期下來對孩子的負面影響。

課堂的教學、學生的互動和家長的溝通，不像參加比賽是否得獎可以記錄，是比較需要花時間去經營的。許多教育界的夥伴終其一生默默的在這個領域付出卻鮮少留下記錄，畢竟教學過程中許多的苦樂與感動都是屬於個人的。

家長要教育

　　在教學現場常見到許多家長教育孩子的觀念有所誤差，造成學生的學習路程增添許多壓力，對於孩子的身心也造成莫大影響。

　　有位家長讓孩子參加補習班舉辦之Spelling　Bee（拼字競賽）。孩子在上頭比賽，家長坐在觀眾席第一排，卻不斷以口型對孩子提示單字，勸阻無效，惹得氣氛相當尷尬。而這位家長的孩子也頻頻拼錯單字，本來這位孩子相當優秀，看得出來是因爲極度緊張造成的。無獨有偶，也常聽說該家長常跑學校幫孩子處理問題，只是很可惜就我看來都是孩子可以獨立解決的，但家長過度緊張的結果反而讓孩子完全無法面對人際關係。

　　有次，這把火終於延燒到了補習班，該位學生與其他學生產生極小的衝突（傳紙條傳錯了，學生誤會紙條內容），這位家長氣沖沖到補習班要找傳紙條的家長理論，於是我充當和事佬，將二位家長留下，孩子留在櫃台由其他老師照顧。先讓二位家長闡述意見後，換我對這位家長說話，我肯定一位母親對孩子的愛，但很懇切的表達愛之適足以害之的觀念。最後這位家長淚流滿面，同意慢慢放手，讓孩子自己解決問題。

　　雖然不知道對家長的教育效果有多少，但身爲老師，仍

然必須利用任何機會告訴家長正確的教育觀念，否則對教導孩子而言，總是會有事倍功半的遺憾。

不恰當的溝通

有時因為老師的一句話，便足以產生軒然大波，讓補習班有擦不完的屁股。有位教兒童美語的老師，教學認真負責，本以為有這麼好的老師是補習班的福氣，最後卻演變成夢魘。

這位老師每天都很認真的電訪，往往電訪的時間皆早已超出上課時數數倍之多。沒想到過幾天接到某位家長來電，氣沖沖對老師提出抱怨，說老師每天來電是很好，表示很關心孩子，但不知為何，老師似乎一直數落學生的不是。老師：「陳媽媽，浩晨今天又捉弄隔壁的同學，妳在家一定要告訴他不要那麼調皮啦！」又：「陳媽媽，我告訴你，我看浩晨肯定是個過動兒，妳應該帶她去醫院檢查……」

又有一次，這位老師在上課的當下，底下孩子大吵大鬧。老師不但沒有馬上處理，反而立刻叫家長到補習班一趟，要家長嚴加制止孩子，惹得家長又好氣又好笑，認為老師竟然完全沒有控班的能力。

家長需要得知的莫過於孩子在補習班是否學習狀況良好，若只是一味地聽到老師的抱怨卻又沒有解決方式，不免

174

讓人感到身心俱疲。因此，若想要和家長反映孩子在補習班的表現，先決條件必定是先處理好已經發生的紛爭，同時心中有所定見，哪位學生孰對孰錯，與家長溝通才能圓滿融洽。

老師不當言詞

不當言詞	影響
你到哪裡都一樣，就是教不會，牽到北京還是牛！	孩子容易自暴自棄，認為老師放棄了自己。
你不用聽了，反正聽了也沒用！	鄙視的態度足以讓孩子難過一整天，深深傷害小小心靈。
快！我趕時間，妳不要浪費我的時間！	不耐煩的態度讓孩子感到傷心。
各位同學，誰考輸王小明的，通通給我站起來，並罰抄課文。	老師自以為是的幽默，傷害了孩子的自尊。
你們在家裡當少爺慣了，翅膀長硬了，越來越不聽話了是不是！	老師的冷漠也讓學生感到被放棄。
大家都說要往優點看，但是我看不到你的任何優點怎麼辦？	老師的言語羞辱，對孩子無益，反而造成傷害。

175

正中下懷，快刀斬亂麻式的溝通

有次有位家長來補習班說，她不讓孩子補了，而且二個在這兒補習的孩子全都不補了。我頓時覺得詫異，這二個孩子在這兒補習的狀況都相當好，學業也持續進步當中，與同

學也相處融洽，完全沒有不補的理由。於是問這位媽媽的原因，她只是淡淡表示孩子沒有進步，不補了！這樣的說法更加令人費解，直覺應有眞正的隱情不透露而已。於是我再進一步追問，希望得到眞正的結果。

「媽媽！您的孩子其實進步很多，我不知爲何您會說沒有進步？是不是我們的服務沒有令您滿意！」

媽媽欲言又止，好像似乎有難言之隱，我再度柔性進攻：「媽媽！我們都這麼熟了，無論您的決定如何，我都尊重您的決定。但是，您一定要讓我知道不補的原因，這樣才可以讓我們有改進的空間！」

結果這位媽媽說：「我不補的原因都是因爲班主任您啦！我上次請您幫忙，您答應要幫我孩子找參考書，結果我一直等您的回電卻都始終等不到。後來我來接孩子您也不理我，我想你是在躲我吧！因此，既然您這麼無情，我乾脆將孩子轉到別的補習班好了……」

我聽了恍然大悟，對這位媽媽說：「還好我逼問您，您告訴我實情，我才知道全因爲我的疏忽才讓您決定不讓孩子在這補習，否則我會內咎一輩子！」

這位媽媽積鬱已久，累積對我不守信用的不滿，直接以不補表達最嚴正的抗議。我對媽媽說：「這是我們大人的事，不要影響到小孩的學習好不好！」經過不斷道歉與請求原諒，媽媽鬆口表示願意重新考慮。隔天，我直接送了一整

套適合該孩子的參考書，彌補我犯下的過錯，這件風波於是告一段落。

有些家長無論是孩子或自己受委屈選擇不講，一直放在心底，卻又期待他人能夠猜出他的委屈。直到始終都無人猜到時，便選擇一次性爆發，這種爆發往往已經無法收拾。我也遇過原本相處相當融洽、互相熟稔的家長在極短的時間內將孩子退補，只留下一頭霧水的我，至今仍然無法釋懷。

有些家長需要的是關懷，並且是很細微的關心這一種。或許家長沒有說很多，但卻期待老師能夠很快進入狀況，可以告知家長自己孩子在補習班的種種。面對這樣的狀況，老師勢必要在與家長電聯前做足功課，讓家長感覺這位老師真的有特別關心自己孩子。

堅持與不堅持的困擾

補習班常會面臨自己的專業被家長挑戰，家長堅持己見，最後證明還是補習班的專業對，卻已無法收拾的局面。

有位家長將孩子帶來補兒童美語，孩子測驗出來適合就讀第三級，但這位家長認為自己的孩子沒有五級也有四級，絕對不可能在三級，同時訴說著孩子學習英語的輝煌歷程。我說：「媽媽！或許您的孩子真的程度不錯，只是臨場失常。我們不會一試定終身，等到您孩子的狀況在最恰當的時

候，我們願意再幫他測一次……」於是約了另一次的考試，結果，這孩子依然落在三級，並且與測驗老師仔細詢問，孩子應確實是這個程度。因此，我再度告知家長孩子對照我們這兒的教學內容的確只在三級程度，但這位家長非常堅持己見，要求至四級就讀，並且保證孩子肯定可以跟上。家長也承諾在家指導，補習班在近乎被脅迫的情形下勉為同意孩子就讀四級。

過了二個月，孩子放棄了，家長將孩子帶離補習班。同時指責一番，責怪老師沒有教好，孩子聽不懂，完全無法吸收等等。處處散播補習班的負面消息，讓補習班聲譽受損，補習班成了啞巴，百口莫辯。這個事件我已記取教訓，往後我堅持補習班的專業，寧可損失一個學生也不讓家長的個人私利凌駕專業，這是為了維護教育本質，不讓孩子受傷而做的堅持。

老師太誠實也不好

有位老師從美國回來，至補習班任教英文，在教學上發揮了專業的領域，學生有了長足的進步，但有一點卻令人擔心，即是對孩子聯絡簿上的評語。

通常英文的聯絡簿在學生的表現上有一些勾選項目，例如有Excellent、good、fair、needs improvement等，老師根據單

項表現給予勾選。若以台灣教育的習慣，通常較為寬容，很少勾到needs improvement。這並不表示孩子一定表現優異，不需要任何改進，而是台灣風俗民情重情義，老師不好意思照實評論，總是看好不看壞。但這位老師，全班的聯絡簿拿過來，卻是excellent沒有任何人被勾選到，needs improvement被勾選一大堆，幾乎占了全班學生三分之一學生的一半項目以上。

這位老師對我說：「沒錯呀！學生的表現就這樣啊！我只是照實評出來而已……」難怪這位老師雖然教得好，卻也怨言一堆，家長只能搖頭老師的不通情理。

也曾經碰過一位老師，在學生的段考後評語上寫著：「黃同學在課堂上常對我吼叫，又哭又鬧！可能沒有其他同學比他更糟了。他的表現極其幼稚，也常做危險動作，實在遠低於他應有的表現，我不知道要如何對待他……」後來家長氣呼呼跑來補習班，而補習班也只能賠不是，幫忙老師擦屁股，後來這位老師的聯絡簿發放都必須先經過補習班的審閱才可發出去，以避免重蹈覆轍。

當然老師必須誠實面對家長，這是無庸置疑的，可是字句的使用還是需要加以斟酌。剛開始不懂圓融應對的老師還是需要請教補習班或其他老師，讓自己真實寫出孩子的表現又不失禮，這絕對是當一位好老師必經的過程。

教學現場

- 緣由

一位學生不守規矩，沒有禮貌，嚴重影響班上秩序。依補習班的處理程序，必須與家長聯繫，向家長說明孩子影響補習班的嚴重性，並研擬對策。

- 過程

老師：李媽媽您好，我是李**X**亮的補習班數學老師，王老師，您現在方便說話嗎？……

向您報告一件事，李**X**亮上課時情緒有時會控制不了。當老師請同學繳交作業時，或打開課本時，會不自主冒出三字經，而且極大聲……您可以回去跟他聊一下，看孩子是否有什麼委屈？如果有委屈，代表我們有什麼做不好，請跟我們說……讓孩子在某些個性上繼續改進，改掉說謊、暴力的習性，我會持續觀察。如果真的有看到他漸漸改變，那我們都願意配合。但我每個月月底就會與你檢討，讓家長也放心，若您觀察孩子在家有任何問題，也請隨時與我聯絡，不要客氣……

- 分析

先向家長報告發生的事實，再說明自己的觀點，及想要努力的方向。而最重要的就是希望家長能夠一起配合，一起努力將孩子帶上來。

180

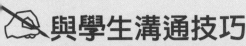

與學生溝通技巧
Skills to communicate with students

用孩子能夠接受的口吻

　　我們常用大人的用詞來對孩子說話。如果用詞都是大人的，講十遍都一樣。因此，身為補教老師，應懂得孩子的心理，適時轉換另一種方式表達。若不行，再換一種方式教導。因為每個孩子都是獨立個體，有其個人思想與過往經驗，老師應回到不是所謂的名師，盡量以孩子能夠懂的語言說話，這樣的溝通才有意義。

◆在溝通上，學生常表現出的異常行為

1. 學生易斷章取義

　　老師說：「王小明，你這次的表現沒有預期的好，希望下次能加油，否則沒有人能幫你……」老師的意思是孩子需要靠自己的努力才能進步，但孩子卻誤認為老師都不幫忙。面對這樣的狀況，老師便需要說清楚，避免含糊地帶過，讓學生徒增猜疑。

2. 誇大的言詞

學生說：「哇！今天補習班有位同學不乖，老師將他拖到廁所狠狠地揍一頓，害他滿手都是傷痕⋯⋯」當老師手扶著學生的肩膀，對這位學生說了幾句話，說完學生剛好去上廁所，老師至辦公室拿考卷，謠言就這麼傳開了，一發不可收拾。有時就是這麼不湊巧，很多巧合就這樣發生了。有時老師應該與學生建立一些默契，覺得有異狀的問題應當場提出，讓老師有解釋的機會，避免被誇大渲染。

2.說謊

學生通常最容易因為怕被處罰而選擇說謊。明明他先踢了人家一腳，回家卻說人家先揍他一拳，搞的老師要處理這類事情總是很棘手。公說公有理，婆說婆有理，只能靠智慧來判斷了。

3.雞同鴨講

新世代的學子有時就像來自外太空，說的語言老師聽不懂，老師的語言他們又莫宰羊，電線沒有接上的感覺。老師明明說要帶數學測驗卷，學生卻聽成帶數學習作，搞的人仰馬翻，只有三申五令，要學生記下來才能將誤會減少。

◆老師不該做的事

1.抱怨

在職場上、生活上總有許多不如意事情，身為補教老師也是如此。當老師對學生說：「我這麼辛苦工作，為何換來

的只是微薄的薪水……」或「上周教數學的吳老師沒有告訴我調課，害我白跑一趟，吳老師真不夠意思……」，老師可能將學生當成可信賴的傾吐對象，但學生基本上不會選擇分辨何者只是屬於抱怨字眼，不知老師說過就算了，而是一直放在心上，哪天幫老師出口氣，這就糟了。因此，老師應謹言慎行，當著學生的面抱怨必會遭到更負面的影響。

2. 窺探隱私

有位老師有個習慣，喜歡上課上到一半停下來，開始與學生話家常。但聊著聊著便聊到學生家裡是做什麼的，父母親一個月薪水多少，感情好不好等，讓學生總是尷尬地答不出來。雖然老師一再強調並沒有特別目的，但其實早已傷了孩子的心。又有一種老師，喜歡了解孩子的感情世界，當成八卦來說。告訴學生自己多麼厲害，知道誰最近和誰在一起，誰最近又和誰分開，種種不適切的言行，都是應該避免的話題。

3. 不當玩笑

不當玩笑容易變成取笑學生，有位老師曾經這樣對學生說：「朱同學，你知道嗎？依你的身軀，你的祖先一定為你感到驕傲。我看，這是前世就註定好的。」

老師最好不要對學生的身材、姓名、膚色或嗜好開玩笑。也不要對成績較落後的同學開成績的玩笑。有時老師無心，聽者卻有意，尤其有些學生自尊心較強，容易對心靈造

成傷害。

4. 辱罵

有位老師發脾氣擅長用辱罵的方式對待學生：「你是豬啊！這題都不會，還有資格在這一班嗎？」當要解聘他時，又一把鼻涕一把眼淚求饒。一位老師無法掌控自己的情緒，以辱罵的方式對待學生，難免會遭學生或家長圍剿攻之。因此，老師想要有此舉動時，應想到後果。

5. 遙控——線人

可能有的老師在服役時學會情治單位那一套，利用學生打小報告，藉以管控學生，這有極高的危險性。當學生知道她被某人出賣時，頓時所有的信任全消失，接下來將會演變為一場鬥爭大會，老師也極易捲入這場鬥爭中，屆時將一發不可收拾，難以想像。

6. 恐嚇

有老師常掛在嘴邊的一句話即是：「如果你們這次沒有考好，我會讓你們嘗嘗苦頭，試試看我的厲害！」或對某學生說：「這件事如果你回去對爸媽說，小心下次我直接在考卷上扣你20分！」恐嚇的字眼已經影響學生學習情緒，也容易觸法。拜現代科技之賜，小心學生全程錄音錄影，到時跳到黃河都洗不清了。

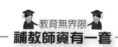

老師對待學生原則

　　綜觀以上情事，老師應該就事論事，不要翻舊帳，不要對學生貼標籤為原則。在課堂上，老師對全班學生說：「有誰的分數比王大頭低的就要罰十元！然後請王大頭喝飲料！」看似幽默的對待，但以某位同學當成標的，容易演變成嘲笑的笑柄，這是身為老師的大忌。

　　老師也應該學習教育心理學，讓每位學生獲得尊重，傾聽學生心底的聲音，才會真正獲得尊敬。

班級危機管理
Crisis Management for one Class

- ■ 分崩離析
- ■ 小團體
- ■ 特異份子
- ■ 作亂份子
- ■ 士氣低落
- ■ 打情罵俏
- ■ 止血措施

分崩離析
Disintegration

　　一間補習班最怕的就是人數流失，又沒有新生補進來。若發生在同一班，大量流失的情形極容易造成整班分崩離析，士氣低落。

　　筆者的補習班曾遇過這樣的情形，原因不外乎幾項。第一是新手上路，新老師完全沒有經驗，事前也沒有備課，一上台以幾乎與學生完全不對盤的方式授課，絲毫不顧台下學生的感受，無法交心。當日便不分青紅皂白處罰了一堆學生，短短不到一個月班級立刻走了近半數學生。第二，新舊老師沒有做好交接動作，有時舊老師教到一半忽然跑掉了，新老師在毫無心理準備下接續，導致一陣混亂，學生亦無法適應新老師的教法。另一種是雖舊老師還在，但新老師求好心切，將原來的班級規章改掉。原本老師預告要小考改為無預警小考，考後即訂正改為一週後訂正，種種新措施讓學生感覺無所適從，補習班也放任不管，讓老師為所欲為。第三，老師屬於後知後覺型，或不知不覺，不知台下哪些是粉絲，哪些是批評自己的學生，只顧著自己教自己，缺了所謂的sense。有些人與生俱來有sense，感覺到學生氣溫，更了解

如何升溫降溫。而補習班最怕的便是某班繳學費時，忽然一堆學生就自動消失了，這現象往往到月初時爆發出來，令人措手不及。

倘若事情真的發生了，補習班如何面對？這時應該思考的是，留下的這些學生應如何穩定下來，不要再繼續流失。有時學生離開會以族群一起行動，若這族群走了之後，會不會影響班上其他族群？班級是否會被關閉或併班？這都是補習班應該思考而且須立即決定的部分。

另外，有時補習班流失一堆學生，傳出去很難聽。補習班應視情況勇敢站出來解釋，強調會做好補救措施，絕不影響學生權益。

有時其他補習班也會見獵心喜，刻意誇大傳言，任意造謠，這都是身為教育人的最壞示範。逞一時口舌之快，互相攻訐，最終至兩敗俱傷。因此，教育的內涵不在於口舌，補習班之間應建立良性競爭機制。學生一時拉過來又如何？學生被拉走的補習班也不見得是負面。最重要的是眼淚擦乾，重新整頓，亡羊補牢，腳踏實地勤電訪，建立學生及家長信心，最終還是可慢慢回溫。

小團體
Clique

　　在歷史上出現許多小團體的紛擾事件就足以動搖國本的例子，如朋黨之爭、安史之亂；現代社會則有黨與黨的競爭。當然良性競爭對國家、人民是造福祉，惡性競爭便會民不聊生。在一個班級裡有太多小圈圈絕對會讓老師疲於奔命。當然這圈圈屬於良性小團體或惡性小團體也有不同，良性的團體可以為班級帶來更多利益，使老師無後顧之憂；惡性團體則只有減分。再者，補習班裡的小團體很難攻破，如何化阻力為助力，需要靠老師的經驗與智慧解決。

　　在處理小團體的事件時，老師必須秉持公平公正，以不介入兩造為原則。也許，用些小技巧就可以讓班級更加合諧，團體之間更加融洽，其中位置的安排是一例。讓有些學生坐在一起可能比拆散更佳，而有些學生卻必須分開坐。老師若以正面來看待這些事，想想優點在哪裡，例如以研討會或分組報告的形式安排小團體，讓學生激發潛力，藉此增進學習效率。避免因為安排不當形成毒瘤，整班氣氛惡化，這樣容易導致新生進不來。

　　當補習班或導師發現小團體的問題太過嚴重，每次都

189

足以影響上課狀況，學生也因此無法安心學習，甚至也影響了其他班級學生的學習，就有必要強制某些成員約法三章，否則驅離班級。有時與家長溝通，告知其孩子在補習班發生的事件，若持續則補習意義不再，等同浪費家長的金錢。當然，若能由小團體自行約束就還有救，一切都不是問題。最怕的是帶領的頭頭執迷不悟，持續與老師或補習班作對，便應採取壯士斷腕的決心，令其改變學習環境了。

特異份子
Dissentient

　　這年紀的學生總喜歡與他人不同，有人理個大光頭、有人染個雜色頭、有人套個舌環、奇裝異服更是屢見不鮮。年輕人就要渲染、誇大，這才不枉青春，只要不傷害他人、不影響身為學生該有的責任即可。

　　但有些特異份子容易做出傷害人的事，不見得是身體的受傷，而是心靈上的傷害，這種力道卻往往比皮肉之傷重上千百倍。這些份子喜歡挑撥離間、危言聳聽，喜歡無中生有。最簡單直接的伎倆便是對A同學說：B同學說妳的壞話；也對B同學說：A同學說妳的壞話。讓A、B同學相互仇視，自己從中得利。

　　也有一種特異份子專門白吃白喝，魚肉鄉民，無論在補習班或學校總喜歡貪圖小利，從同學身上能揩多少就揩多少油。另一種剛好相反，叫做凱子。這凱子喜歡以財物交朋友，用這討好他人，表面他有許多朋友，但相信絕大多數都是酒肉朋友，雖然他獲得許多友誼，不過總是短暫的。以前補習班有位凱子學生以此方式結交朋友，久而久之他沒有東西可以給人，便直接以賒帳方式告訴朋友：「我本要給你我

的漫畫，先欠著！我下次給你！」又對另一朋友說：「今天我忘記帶筆記本，你借我，下次我給你50元！」或者：「你今天借我100元，下次我加倍還你200元！」同時以上的種種全簽名畫押，以示負責。後來，越欠越多人，於是有位同學義務擔任起秘書，將所有債權人的資料統整，整理成同一張，洋洋灑灑近20筆，涵蓋學校及補習班同學。結果可想而知，父母不得不出面為他擦屁股，當然，有些是同學藉機大撈一筆，不需要還。

有些學生特別喜歡打小報告，好像來補習的目的就是要抓住其他人的小辮子，然後開心地告訴老師。殊不知這種大小事不分都來報告的學生總是令人厭煩。有時這些學生發覺老師感到厭煩時，便說老師的不好。這些壞習慣在一開始老師就該適時引導，嚴重時需制止他。

有時這些特異的學生會醞釀成形，老師盡量孤立他們，讓他們不要有機會施展，但這很不簡單。唯有透過觀察、矯正、與家長保持聯繫，才能防微杜漸。

做亂份子
Troublemaker

　　有的學生愛搗蛋，行為經常失控，也容易造成任課老師班級經營上的危機。這些同學常不將學習當成一回事，只有對於自己的脫序行為引以為傲，不管騎機車、抽菸、打架樣樣來。

　　其實許多這樣的學生內心主要希望引起他人注意，又在學業上無法像其他優秀的學生得到青睞，逐漸選擇了這種模式。其實面對這類學生，老師本身的心態很重要，絕對不要中計，甚麼意思呢？也就是說，不要當他是壞學生，因為將他視為壞學生就會與這學生的心態一樣了，就會落入同樣的思維跳脫不開來，身為老師應該站在更高的視野看待這件事。因此，對待這樣的學生，首先便是將他視為一般學生，而非做亂份子，讓他感覺自己與其他同學並無不同。老師對他的語氣也不需將所有過錯都怪罪於他，課後請他坐下來，好好聊一聊，以一般口吻慢慢緩和氣氛，也不需刻意提到他出軌的部分。因為這些學生的思維裡不見得認為自己的行為有什麼錯，因此一次就要他認錯反而適得其反，他只是認為大人都不了解他而已。老師可以適時用比喻的方式，例如：

193

「老師昨天剛好到超市購物，看到一個小孩不顧家長反對一定要拿他自己喜歡的飲料，媽媽堅持不肯。於是小孩大哭，全部的人都在看。其實我可以了解小孩的心情，他一定想，這飲料我常喝，為什麼這次媽媽不給我喝，為什麼？」讓學生知道有時不能單憑自己的喜好做事，要開始學習顧慮他人的感受。身為老師在溝通過程中也應如同朋友般給予無壓力的釋放。

　　有的學生來自不溫暖的家庭導致行為容易失控。簡言之，這是因為心中缺乏愛，或自認為沒人關心他。這時，學校與補習班就應扮演提供愛的場所，試圖用愛心去影響他。雖然補習班不似學校，學生匆匆忙忙來來去去，仍然可以寒暄幾句，讓他感受這份溫度。

　　有些學生因為對學業沒有興趣，一直無法跟上，又迫於家長的要求前來補習，只好在這兒做亂。針對這些學生，補習班老師可以適時開導他找到讀書以外的興趣，習得一技之長，多勉勵他可朝技職方向走，不一定只有高中的路線，有一身的專業技能也是一條康莊大道。

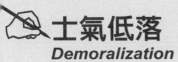

士氣低落
Demoralization

　　學生無精打采，學習意願低落，考試竟然沒有人及格，整班缺乏讀書風氣，這在補習班是相當嚴重的事。如果任由這樣的事情發生，相信整個補習班很快就終結了。

　　若一家補習班勇敢面對這樣的問題，加以檢討，一定可以找出蛛絲馬跡。才發現原來老師不認真，例如上課接手機兼傳簡訊，底下學生做了什麼事全然不知，一副我只要有來上課就算交差。

　　其實仔細想想，就像「我們這一班」這節目，每天總有新鮮事發生，老師也可以像軍隊中的教育班長，負責提振士氣，讓班級恢復動力，盡量找話題發揮。如老師說：「明天學校運動會是吧！要是哪位同學那一班拔河第一名，來補習時我就有賞，記得啊！」

　　記住，老師的責任就是盡量鼓勵、獎賞學生，使班級氣氛活絡，很快感覺就會回來了。

打情罵俏
Flirtation

　　若一個班級出現許多班對，也公然在班級打情罵俏，這對於老師來說是禍不是福。因為這些小毛頭在感情上常不懂得節制，嚴重者一發不可收拾，鑄成人生的大錯皆有之。

　　男女間的關係若回到早期保守的風氣，學生根本不可能明目張膽。但是現代，每個中學生若對照以前的標準，全都過於早熟了。兩人之間的邂逅、曖昧、談心、關心、牽手、約會、通信，這些必經階段直接跳過，一見鍾情是標準的模式。曾經在補習班見過才剛認識就已經抱在一起、卿卿我我的小情侶。

　　當然在荷爾蒙的催促下，異性相處也可以很正面。曾見過在補習班的某班對互相砥礪，讓雙方的在校成績都能維持在前三名，羨煞許多旁人。這種交往進行式卻又能讓功課更加進步，顯示學生談戀愛不一定是負面。對有些學生來說，如果懂得自我掌控那又何妨？因此既然擋不住，老師便有必要引導學生往積極面看待。我曾告訴學生：「喜歡他（她），就要讓他的成績更好！」身為戀愛軍師，我歡迎學生來找我談論這些事情，不敢對家長說的就來找我，當然我

也會鼓勵他們能夠找機會跟家長談心。

　　但是，對於某些無法克制的學生，則只能採取圍堵的方式，防範於未然。先進行道德勸說，表明嚴重關切的立場，也對來補習學生直接進行規範。不能牽手，不能做逾矩行為，也不能單獨在同一間教室，也讓學生知道每個角落都有攝影機。老師上課時耳提面命，不要譁眾取寵，不因學生鼓譟而湊合成對，有時，還要舉一些因不當談戀愛而造成課業大幅滑落、影響家庭和諧的例子。有時一對還在曖昧中的情侶，如果能找出哪一位較有理智，或許可以單獨找他（她）談。通常同年齡中，女生較為早熟，好言相勸，趁早抽離，專注在課業上，等到一起考上理想學校，再續緣分，這是對彼此最好的方式。

止血措施
Solution

　　當某個班級人數不斷流失，檢討原因，並非出在學生身上，而是老師身上。教學凌亂、毫無章法、管理學生無方，這時已經不再是調整教學，該換老師就該換。

　　曾經有位老師至補習班任教，上了課才發覺學生都聽不懂，並且情緒不穩，隨意亂罵學生。有幾次家長反映，補習班仍盡力協助老師，給老師機會，認為一定會改進。但有次家長來補習班，希望與老師談談學生的學習情形。當安排與家長談完後，老師反過來對我說，為何要他面對家長？補習班的責任不就是要幫老師擋掉家長嗎？我聽了完全愣住，這位老師的觀念錯誤至極，我認為已經無法再勝任此份工作，因此快刀斬亂麻，汰掉此位不適任教師。

　　補習班或許會考量諸多因素，考慮不換老師，或等到新老師到任再換。然後日復一日、年復一年，班級就這樣繼續帶下去，就像水煮青蛙，直到班級解散為止。這對補習班來說不只是損失學生而已，賠上的可能是隨之擴散出去的負面形象。平日，補習班應該有代課機制，有個完整的代課機制基本上老師的缺課應該就不至於造成太大影響。或者，補習

198

教育無界限
補教師資有一套

班之間若能有相互支援的機制，或許也可解決燃眉之急。這些規劃都是一間有制度的補習班該具備的。

P_{art}2
專業補教老師實戰訓練

Practical Training for one Professional Learning Center Teacher

教育訓練與企畫
Educational Training and Planning

■ 師訓
■ 教案設計
■ 企劃活動
■ 文宣製作
■ 文案製作

師訓
Training for one teacher

　　補習班為維持一定的教學品質，固定師訓的舉行可以讓老師「有所適從」，同時貫徹補習班上行下效的意志，按照補習班的辦學目標直線進行。師訓的過程通常有模擬教學、同儕視導、實務教學、經驗分享……等方式。也有些補習班更進行腦力激盪，實戰訓練等特訓，主要目的都是希望以最快的速度將老師帶上線。

腦力激盪

　　在一群老師的師訓會議之中，透過腦力激盪可以發揮一些效果。班主任提出一個問題，每位老師提供自己的答案，例如若學生作弊，你會怎麼做？或學生上課一直不專心，老師應該如何？諸如此類的問題，每位老師也許都會遇到不同的情況，答案因此各不相同。但藉由他人提供的答案，也許日後遇到類似的問題也能迎刃而解。

　　此外，為了讓補習班與老師之間有充分溝通的機會，可透過五個優點、五個缺點的方式達到相互了解的目的。首

先讓老師講補習班五個優點及五個缺點，例如補習班環境乾淨、明亮、服務很好、學生來補習都能受到妥善照顧、口碑佳……等。缺點如環境髒、櫃台擺設凌亂、服務品質不佳、教學不完善、教師待遇不佳……等。再來也請老師講自己的五個優缺點，當老師滔滔不絕講出自己的五個優點之後，再講出缺點。等到一段時間後，再請老師回憶自己所講的五個優缺點。這時會發現人的腦筋總是停在優點，此舉目的希望優點持之以恆，缺點能夠立即改進。

實戰訓練

最重要的實戰訓練便是上台，口條、板書、儀態的訓練是基礎。再者進入教學內容，一位新進老師的要求與資深老師的要求也會有所不同。新進老師基本上以穩定班級為主，因此管好班級秩序、與家長電訪溝通、使學生學業進步都是必備的目標。對於資深老師則有更進一步要求，例如三年內若沒有帶到資優班，就要檢討，這都需要長期考核，經過三年後若能力仍不足就需檢討改進。補習班的每個SOP流程，就像是標準答案。再次強調，人生畢竟過的不是數饅頭的日子。

在補教界若一直沒有進步，很快就會面臨被淘汰的命運。

教育無界限
補教師寶有一套

實戰主題：**出考卷訓練**

目的：讓老師自己出一份考卷，
　　　以訓練其課程嫻熟度。

科目：英文

範圍：國二第四冊**5～8**課

版本：康軒、南一、部編、翰林

內容架構：

1. 文法選擇**10**題、閱讀測驗**10**題、填充**10**題、翻譯**5**題。

2. 簡單、適中、偏難各占**1／3**，選擇挑完挑填充。

內容要求：一次出**5**份，出題完畢後自己試做一次。

出題時限：一週。

交件型式：以電子檔交件，並附上書面資料，
　　　　　以文書夾封套。

出題建議：

1. 蒐集學生學校的段考考卷，才知道自己的出題方向是否有偏差。

2. 在答案卷裡每題皆劃關鍵字，例如看到**enjoy**就劃起來，後面**V**+**ing**。

3. 出題目注重中心思想，要多元，要難也要簡單。

給卷建議：老師講完，學生就要演練，
　　　　　當回家作業或平時考。

問卷設計

通常補習班檢視一位老師的教學品質或控班能力，除了本身的考核制度外，也可透過學生或家長的角度來觀察老師，這時透過問卷調查便是其中一種方法。問卷的設計決定是否能客觀呈現老師的面貌，茲列出一般問卷的設計內容，可酌於增刪之。

◆學生問卷調查表

1. 喜歡該科老師嗎？為什麼不？
2. 上課聽的懂嗎？為什麼不？
3. 喜歡這一班嗎？為什麼不？
4. 這班團結有向心力嗎？為什麼不？
5. 這班有讀書風氣嗎？為什麼不？
6. 每次均有考試嗎？
7. 考試有隔次發還並檢討嗎？
8. 考試有賞罰嗎？
9. 賞罰制度有持續嗎？
10. 老師講話有公信力嗎？
11. 上課秩序不好嗎？
12. 老師關心你嗎？
13. 老師是否上課結束就走，像講師般嗎？

14. 老師有察覺你已聽不懂嗎？

15. 不懂會將你課後輔導嗎？

16. 輔導敷衍嗎？

17. 老師了解你的家庭狀況嗎？

18. 常聯絡家長嗎？

19. 老師了解你的個性嗎？

20. 你是否內向而被忽略？

21. 你是否外向而被討厭？

22. 你成績穩定嗎？退步？進步？大起大落？

23. 老師是否只會照本宣科教學？

24. 老師教學生動有趣嗎？

25. 老師是否善用教具教學？

26. 成績好有另外加強嗎？

27. 成績不好有另外加強嗎？

28. 老師有選人教學嗎？

29. 老師有遲到、早退、上課混嗎？

30. 課程安排時間及進度有過之或不及嗎？

31. 每次有關心缺席學生嗎？

老師自評

　　老師自評的主要目的在於自我察覺教學上的優缺點，並

且自我督促、自我改進，補習班可請老師以最客觀的角度自我評量，同時向老師強調不列入補習班對老師評鑑標準。

◆老師自評項目範例

主題	評鑑指標與檢核重點	教師表現摘要敘述	自評狀況		
			達成	部分達成	未達成
教學面	選用合適的教材				
	研擬任教科目授課大綱及教學進度				
	規劃與選用適切的學習評量方式				
	根據學習評量結果分析學習成效				
	針對單元教學作省思與改進				
	結合學生的生活經驗提高學習動機				
	多舉例說明或示範以增進理解				
	引發並維持學生學習動機				
	善用教學活動或教學策略				
	有效掌握教學節奏和時間				
	善用問答技巧，提問深淺不同問題，給予不同學生成功機會				

教學面	給予學生公平的參與及回答機會			
	板書正確、工整有條理			
	口語清晰、音量適中、速度適中			
	教室走動或眼神能關照多數學生			
	教學態度活潑生動、師生互動良好			
班級經營面	訂定合理的班級規範與獎懲規定			
	教室秩序常規維持良好			
	適時增強學生的良好表現			
	妥善處理學生的不當行為			
	針對特別行為的學生個別輔導			
	排解班級學生間相處問題			
	注意言語，不對學生做負面的批評造成心理影響			
溝通面	適時告知家長學生學習情形和各項表現			
	仔細傾聽家長的各項需求			
	隨時注意學生的心理層面及其家庭的狀況			

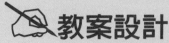

教案設計
Design of an educational program

　　教案可說是檢驗這一堂課是否上得精采的初步項目，主要內容包含授課範圍、教授內容、目標、流程等，使老師能精確掌握每一份鐘，主管也可藉由事先提供的教案與老師實際教授情形對照，提供建議。

教案範例

Lesson Plan
姓名：Bruce Lin
科目：兒童美語–Phonics
授課時間：80分鐘
授課範圍：Theme 6p.37～47
目標：
1.Students could identify / au / and /aw/ sounds.
2.Students could speak out the words,and find out words with /au/ and /aw/ sounds.
3.Students could read out aloud the story from the book.

教學目標	活動流程	時間（分）	評量或作業	教學資源
1.Students could identify/au/ and/aw/ sounds.	1.Warm up- review from last lesson ・Ask students what sounds they learned from last week. (/au/, /aw/) ・Ask students to give words that with /au/ and /aw/ sounds.	10	By speaking	Flash cards, textbook, chalkboard

2. Students could speak out the words, and find out words with /au/ and /aw/ sounds. 3. Students could read out aloud the story from the book.	2. Finds words from textbook. · Have students take out textbook and turn to the story that we had last week. · Divide students into 4 groups. · Ask each group's students by looking up /au/, /aw/ words from that story and take turn come out to write the word that they find from the story on the board. · At the end, check each group's word lists and read out aloud each word. 3. Game time · Make some groups and choose a leader. · Show flash cards that have words with /au/, /aw/ sounds and without /au/ and /aw/ sounds. · Ask students to find out the words that have /au/ and /aw/ sounds in groups. 4. New story – read out aloud · Ask students to read out aloud the story by calling one by one. · Each students has chance to read a sentence by practicing their phonics. 5. Conclusion – explanation of the story · Identify the /au/ , /aw/ sounds. · Explain new words.	30 20 10 10	By writing right words on the board. By reading sentences to check speaking	

211

企劃活動
Planning activity

　　為了招生，補習班通常辦理許多活動，有的老師擔任協助的角色，但有時又得身兼企劃工作，這重責大任交給老師勢必要使命必達，以下提供活動企劃的幾個主要內容供參考，由主架構進入預期目標，再規劃細流程及工作分配，最後經費預估，距離活動的完整性應該相去不遠。

主旨	如何辦兒童美語活動，並藉由活動，激發孩子的學習動機
大綱	使補習班及家長共同幫助孩子從學習中成長
對象	學齡兒童（6～12歲）
目的	1.學生： 　（1）呈現學習成果 　（2）寓教於娛樂 　（3）了解活動的意義 　（4）從活動中學習 　（5）增進親子關係的互動 2.補習班： 　（1）可以帶招生活動 　（2）更了解學生學習狀況 3.家長： 　（1）拉近老師與家長距離 　（2）讓家長更了解補習班

實例	拼字比賽、朗讀比賽、萬聖節活動、聖誕節活動……等。
地點	教學場所
流程	1.活動前置作業： （1）決定活動內容。 （2）發放文宣。 （3）老師與學生做萬全準備或老師協助練習。 2.活動中：重申規則流程。 3.活動注意事項：讓家長知道活動時間和內容，並確認學生是否能配合活動。 4.活動替代方案： （1）事先構想活動突發狀況（例如：辦戶外活動遇到下雨）。 （2）建立可行的替代方案，並達到原有活動目的。 （3）職務代理人：至少兩人以上清楚活動環節。 5.活動檢討

◆活動摘要範例（以聖誕節活動為例）

校區	活動進程	活動時間	活動簡述
前置活動	【前置活動】	11/24 | 12/10	1.活動宣導 2.主題布置 3.布置聖誕樹（班級、補習班）
當日活動	【聖誕禮讚】	12/25 6：00 pm | 8：00 pm	1.歡樂帶動唱開場 2.兒童美語成果發表 3.樂團表演 4.有獎徵答或抽獎 5.聖誕老公公發送糖果
	【親子同樂會】	12/25 7：30 pm | 9：00 pm	採現場報名方式： 1.親子接力賽 2.家長拔河 3.吹乒乓球 4.……

◆工作分配

組別	內容	負責單位	協助單位
企劃組	1.統籌活動執行 2.規劃各項活動事宜 3.統一對外發布活動訊息 4.經費概算與控制	班主任	
美工組	1.製作以下造景： 　a.聖誕樹（補習班門口） 　b.聖誕老人與雪橇（入口） 　c.雪景（辦公室） 　d.聖誕樹裝飾（各班） 2.聖誕節當日布置： 　a.活動海報、指標 　b.舞台布置 　c.表演人員裝扮 　d.親子同樂會布置	美工人員	老師3人
節目組	1.節目流程規劃 2.主持人挑選與訓練（中師與外師） 3.節目確認 4.聖誕老公公裝扮 5.舞台音控	教學組	總務組
活動組	1.服務台設置 2.引導來賓入場 3.照相攝影安排 4.機動聯繫安排 5.規劃親子活動 6.規劃現場報名事宜 7.獎品發送事宜	櫃台組	教務組
總務組	1.音響租借接洽 2.攤位帳棚租借接洽 3.活動會場清潔維護 4.各項材料購買 5.擺設舞台前小椅子 6.茶水供應 7.活動善後	總務組	

214

機動組	1. 停車場洽談 2. 停車規劃 3. 接駁車安排 4. 校園安全維護	總務人員	

各組細流程（略）

◆經費預估

項次	項目	內容	數量 （略）	單價 （略）	總金額 （略）
1	音響租借	舞台及園遊會場音響			
2	舞台搭設				
3	攤位帳棚				
4	桌椅租借				
5	汽球柱 或Truss				
6	活動主題 布置	聖誕老公公、雪景、 大型聖誕樹裝飾			
7	美工支出	聖誕裝飾、海報印 製、攤位布置			
8	樂團演出	邀請樂團			
9	專業攤位 邀約				
10	贈品	抽獎贈品支出			
11	雜項	茶水、糖果、其他支 出……			

215

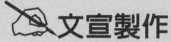

文宣製作
Manufacture of a handout

　　文宣是補習班推銷自己的方式之一，特別是新創立的補習班，爲了打開知名度，以文宣爲開端，讓周圍的學生或父母建立起第一印象。基本上文宣分爲單張與折頁（整本）型態，依傳達內容需要而設計。

　　文宣也切忌將所有重點放在一起，這樣就等於毫無重點，照片的選擇也應注意，模糊、失焦、主題不明都是禁忌，更有些文宣因爲校對不仔細產生內容、地址、電話號碼錯誤的現象，貽笑大方。因此，一份重要的文宣最好有專業的人員負責，文稿完成給不同的人檢查，將失誤降至最低，才不枉花費這些開銷。

216

◆範例：4頁型

第一頁

```
┌─────────────────────────────────────────────┐
│  ┌──────────┐   ┌──────────────────────────┐ │
│  │ 國內郵    │   │        補習班 slogan       │ │
│  │ 資已付    │   └──────────────────────────┘ │
│  │          │   ┌──────────────────────────┐ │
│  │          │   │ 本期主題：榜單、師資、開班表、教學進度…… │ │
│  └──────────┘   │ 依實際需求而定。              │ │
│                 └──────────────────────────┘ │
│                 ┌──────────────────────────┐ │
│                 │ ＸＸ文理補習班              │ │
│                 │ 地址：    電話：    網址：  │ │
│                 └──────────────────────────┘ │
└─────────────────────────────────────────────┘
```

第二頁

開課班別及課表

兒童美語班
國小 1～6 年級，測驗後可插班
1～12 級，原文教材
英文系老師，全國性檢定

不只注重【聽】及【說】，更加強【讀】
及【寫】，系統教學，定期評量，紮
實奠定英文基礎！

升國一英文、數學
（資優班、版本班）

本補習班採能力分班，因材施教，對程
度需加強的同學採輔導制度，學費亦合
理公道，歡迎試聽比較。

第三頁

師資、行政教學團隊介紹：

本班專辦國小、國中課程，17 年來師資穩定、經驗豐富，絕無生手，所以年年成績優良。

國文：
　　　林忠文老師：XX 大學中文碩士
英文：
　　　王英文老師：XX 大學英文系
　　　陳英文老師：XX 大學外文碩士
數學：
　　　張數學老師：XX 大學數學碩士
　　　吳數學老師：XX 大學商學碩士
自然：
　　　郭自然老師：XX 大學生物學碩士
　　　理自然老師：XX 大學應用物理學士

第四頁

榜單
賀！本班 100 年國中基測滿分榜首 412 分共計 3 位
林小明 (XX 國中)、 王大明 (XX 國中)、張大頭 (XX 國中)

姓名	原就讀國中	考取學校
...	...	...
...	...	...
...	...	...

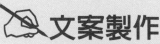

文案製作
Manufacture of an advertising copy

　　在補習班，有時必須製作班內文案，提供給家長參考，如升學趨勢、教育政策、親子教育……等，有時這些文案高達數十頁，內容多元，如同一本小冊子，需耗費時間蒐集，建議可設定頁數，編排目錄，由淺入深，仔細構思。

◆範例：小一文案製作

目錄

給家長的一封信

親愛的家長您好：

首先恭喜並歡迎您的小寶貝成為小一新鮮人，上小學代表孩子另一個學習階段的開始，當孩子剛進入正式的學習階段時，所面臨的第一個學習課題是「適應」，適應新的人、事、物、時間、環境。不論孩子或父母都需事先做好準備，孩子在學習的道路上，才能順利的跨出學習的第一步。

本補習班除了擁有完善的安親課輔規劃，更加重視孩子的生活常規與人格發展，創班以活潑、創新、積極為經營理念，不論學校課業或數學、美語課程均由專業全職的教師輔導、授課，期望能讓每位孩子都能在快樂的學習環境中成長，最後祝福大家　心想事成，闔家安康。

班主任暨全體教師

如何做好幼小銜接

　　所謂「幼小銜接」，意指從五至六歲的幼兒教育到小學一年級的銜接過程，此銜接教育攸關幼兒進入國民教育體系中的學習。確實了解幼兒教育與國小一年級課程之差異，有助於孩子更快適應國小課程。

幼兒園和國小一年級學習型態比較表

	幼兒園	國小一年級
課程	健康、遊戲、工作、音樂、語文、常識六大領域。	國語、數學、生活、英語、鄉土……等。
教材	教師選定或自編，沒有一定內容與進度。	有固定或審定的教本，教師按課本進度實施教學。
教學方式	以單元主題設計活動，從遊戲中學習。	分科定時教學，在教室團體教學為主。
教學情境	較能配合單元更換，上課空間較能變化。	學期初布置後，較少更換，座位較固定。
作業	課後作業較少甚至沒有。	配合各科進度寫「習作」，抄寫作業較多。
學習評量	以觀察、紀錄方式評量幼兒的學習。重視學習過程。	較偏重智育成績。有定期、不定期紙筆測驗。
教師編制	約15位幼兒一位教師。	每班約30人，一位教師包班制。
其他	上課時間較晚；沒有固定上課時間表；有點心時間。	上課時間較早；有固定作息時間表；沒有點心時間。

統整後，其實最大的不同有三個：第一個是「生活作息和常規不同」，第二個是「功課壓力」，第三個是「學習環境的差異」。作息最大的不同是早起，小一通常「最慢七點四十左右」就要到校，而幼兒園九點，所以小朋友容易會賴床。功課壓力大部分來自於作業或考試，而學校環境相對是比幼兒園大又複雜得多。從幼兒園到小學一年級，只不過經過一個暑假而已，但學習情緒與教學方式竟有如此的差異，所以要給孩子事前的心理建設，「上小學」才不會增添困擾與焦慮。因此如何協助孩子從幼兒園至小學一年級有較好的適應，是我們應重視的課題。

222

孩子是否具備上一年級的基本能力

一個要上一年級的孩子，需要具備幾項能力，才能順利面對校園生活，其中最重要的兩項能力是：

一、能專心且能好好坐著。
二、能有較高的挫折容忍力及耐心。

觀察孩子是否具備能力，可從下列幾項作為依據：

1. 數字和形狀
   （1）10以內的簡單算術。
   （2）看懂時鐘整點和半點。
   （3）了解比較圖形之間的異同。
   （4）能指出第幾樓第幾扇窗戶。
   （5）學習辨識前後、上下、左右等位置，並在生活中活用。
   （6）能從0數到50，再從50倒數回0。

2. 語言和文字
   （1）以簡單明瞭的方式傳達事情。
   （2）將在外面或在學校裡發生的事情告訴父母。

（3）和老師或朋友交談時懂得如何應對進退。

（4）能夠慢慢的寫出自己的名字，並讀出自己的名字。

3. 概念訓練

（1）知道在適當的時候表現應有的禮貌，如收下別人的東西時會說謝謝。

（2）背誦簡單的句子。

（3）認識注音符號：聲符、韻符、結合音和聲調。

（4）能夠說出遠、輕、大、長、胖、亮等字的相反詞。

（5）將多樣物品按種類分類，如花草、蔬菜、水果。

（6）熟識26個英文字母。

4. 手的靈活度

（1）用鉛筆畫出長方形、三角形、正方形和圓形。

（2）學習用尺。

（3）學習打單結、蝴蝶結、擰乾毛巾。

　　以上這些項目，只要在上小學以前教會孩子就可以了，不必過分嚴格的要求孩子，過度強迫擁有，容易在孩子的啟蒙階段破壞他的學習胃口，尤其是在教寫字和算術的時候，更要特別留心。

　　每天花一點時間抱抱孩子，傾聽他的聲音，告訴他你有多愛他。

如何協助小朋友適應一年級新生活

一、給小朋友心理建設

1. 讓孩子瞭解小學和幼兒園生活常規、作息的不同。

2. 剛入學前幾天，父母可以陪孩子到校，了解學校環境。

3. 親自為孩子準備早餐，讓孩子吃了早餐再出門，或陪孩子在外面吃早餐。

4. 養成孩子正常作息，早睡早起的好習慣，為了孩子您該以身作則。

5. 多抽空和孩子談學校生活的樂趣，如：「今天在學校有什麼有趣的事情？」

6. 有問題和老師溝通時，宜心平氣和，不要當孩子的面批評或責怪老師。

二、準備開學用品

1. 書包：多層、多小袋的背包為佳，以輕為主。

2. 衛生紙：盒裝抽取式，以方便定量取用及放在椅子下方的抽屜。

3. **抹布**：穿洞，可吊掛桌旁小柱子上。

4. **姓名貼紙**：一包，將小朋友的所有課本及文具貼上姓名貼紙，並用透明膠帶覆蓋，以免常常遺失。

5. **塑膠硬墊板**：三片，紙墊板的摩擦力大，不好寫字。

6. **鉛筆盒**：以實用為主，可容納下列物品：
   （1）三枝削尖鉛筆，盡量不要使用自動鉛筆。
   （2）彩色筆一枝，上課常需塗色。
   （3）橡皮擦一塊，白色擦子，以實用為主。

7. **美勞盒**：上美勞課固定使用，標準配備如下：
   （1）24色以上蠟筆一盒。
   （2）安全剪刀一把。
   （3）色紙一包。
   （4）膠水一瓶。

三、善用聯絡本

1. 每天檢查孩子的聯絡簿，了解孩子在校的表現。

2. 在聯絡簿上寫上請老師協助的事項。

3. 讓孩子在聯絡簿上寫幾句生活日記，藉以反省自己。

4. 老師善意的溝通，應給予善意的回應。

5. 利用聯絡簿寫下好的表現，鼓勵孩子的優良行為。

如何幫孩子做好學習的心理準備

可以善用幼兒園畢業後到入小學前這段時間，陪孩子更深入認識小學環境、作息和常規，所以父母最好在開學前兩週協助孩子做準備，在迎接新學期時，有助於孩子更快適應校園生活。

一、孩子的準備

1. 喜歡上學，並瞭解幼兒園與小學的不同。
2. 學習安排自己的生活（能早睡早起、不賴床）。
3. 具有基本的生活自理能力（如：正確的使用蹲式馬桶、能收拾自己的東西）。
4. 懂得如何保護自己的安全。
5. 正確之運筆及握筆。
6. 能長時間坐在書桌前專心唸書、寫字。
7. 能開關水籠頭，並搓洗雙手。
8. 能自己穿、脫衣褲。
9. 會用筷子。

二、父母的準備

1. 協助孩子了解小學的作息、常規。

2.培養孩子早睡早起的好習慣。

3.隨時隨地陪孩子談談學校生活的樂趣。

4.準備適合孩子讀書、寫字的環境。

5.為孩子準備早餐，讓孩子吃了早餐再出門。

6.親師之間多溝通，避免在孩子面前批評。

7.教導孩子安全應變事宜（如：緊急聯絡電話、地址等）。

8.培養孩子的挫折容忍力及耐心。

9.在孩子學業成績上，請勿馬上給予太大壓力，讓孩子愛上學習為首要。

　　好習慣的養成，父母總是扮演著最重要的角色。父母積極參與，適時給予讚美，對孩子而言是莫大的鼓勵。

　　「讀書不是為了在人前炫耀，而是為了累積自己的實力」，建立正確的人生態度，是父母給予孩子最好的禮物。

如果孩子害怕上課時，該如何協助與處理？

從早出門到中午放學，孩子背著一袋壓力回來。每一位孩子都有壓力，只是多寡之別。當孩子對上學感到害怕，甚至不願上學而逃避時，應對症下藥，並引導孩子面對問題才是當務之急。

一般而言，當孩子害怕或抗拒上學時，都會出現一些徵兆；有些會哭鬧不停，有些會出現身體不適的症狀，如肚子痛、頭痛、嘔吐……等非疾病引起的不適，只要不上學，症狀就會不明顯或消失。

孩子害怕上學的原因大致可分三項因素：

1. 個人因素：學習遇到挫折、自我要求過高……等。
2. 家庭因素：家長過度保護、家人期許過高……等。
3. 學校因素：同儕相處有問題、老師是否較嚴格……等。

新生時期，父母應多關心和傾聽孩子說話，放學後別急著問他課業的表現，應該讓他感受到父母對他的關愛與家的溫暖，國小新生需要父母的鼓勵與支持。

兒童應有的安全知識

兒盟指出，西元2006年「台灣地區兒童人權調查報告」發現，兒童「生存權」指標分數嚴重不及格，只有四十九分，是所有兒童人權指標中表現最差的。對於生存、健康、安全的三大危機，兒盟提出「幸福、快樂、安全」對策；希望每一個家庭都能做到：每天至少能陪伴孩子三十分鐘、每天能擁抱孩子至少三秒鐘、每天能讚美孩子三次、每天至少給孩子三分鐘聽他說話；遭遇危險時，至少有三個孩子信任的人可以求救；萬一孩子受傷了，能在三分鐘內找到大人協助等。（擷取自2007.04.04中國時報）

父母應教導孩子一些安全知識，才能避免意外的發生。

1. 熟記家中電話、家人電話和住址。
2. 學會打急救電話（如：110、119）。
3. 避免單獨行動，不接受陌生人的東西或搭陌生人的車子。
4. 正確使用遊戲器材，不與同學在危險地點嬉戲。
5. 不隨便開門讓陌生人進入家中。
6. 手持尖銳物品時不奔跑。

先跑未必先贏且
「學習態度」更是重要

　　一年級是正規義務教育的起步，孩子必須開始跟著教科書的進度，專心聽懂學習。為協助低年級孩子建立良好學習習慣，多位專家建議父母運用以下訣竅，幫助孩子減少學習過程的挫折與不適應。

一、學用品注重安全實用

　　「自己的」新書包、「我的」新鉛筆盒，都可增強上學的期待感。但父母在購買學用品時，不能任憑孩子喜好，須留意實用與安全性。

二、留意水壺餐具耐熱度

　　購買時須留意標示材質的三角形內數字，編號五號可耐熱到沸點以上，較穩定安全。市售的寶特瓶、瓶裝水罐容易因悶熱而釋放化學物質，應該避免。

三、注意坐姿與執筆姿勢

　　教育部九十七學年度統計，小一近視率為28%，小三增為43%，到小六更超過六成。建議父母留意孩子從小寫字習

慣，避免筆桿前傾、彎腰駝背、坐姿不良，可掌握「大拇指與食指夾住筆桿，中指在筆桿下當靠山，無名指與小指併攏」的原則，離筆尖約3公分，讓筆桿自然落在虎口。

四、建立閱讀與訂正習慣

一年級課業不會太難，多位老師認為，與其讓孩子花很多時間寫評量，不如及早培養閱讀習慣，更有建設性。尤其語文能力高低，會連帶影響其他科目，不只一位老師指出，良好的訂正習慣，要從低年級培養。家長檢查作業時，可從前面檢查孩子是否確定訂正，並讓孩子說出訂正前後的差異，避免一錯再錯。

五、注音符號非認字基礎

注音與國字是兩種截然不同的符號系統。許多研究都指出，孩子不需要先學會注音才能辨認國字，與後續的學習適應狀況也沒有直接關聯，家長不必過於擔憂。若仍希望孩子能提早學習注音符號，可以透過有注音的童書問孩子：「這頁哪些字有ㄅ？哪些字有ㄛ？」或讓好動的孩子以身體「扭」出注音符號。系統性的拼音，最好還是等老師教。此外，有些注音符號發音近似，如ㄛ與ㄡ（ㄡ有ㄨ的音），ㄝ與ㄟ（ㄟ有一的音），ㄣ與ㄥ（發ㄣ音口腔較扁平），家長指導孩子時要留意正確性，以免日後反而得費時矯正。

六、培養量感，先理解再背

有些孩子入學前就開始背數字或乘法表，但其實更重要的是具備數字與數量關係的「量感」。平時吃葡萄或荔枝時，可以一顆顆拿給孩子並數出數字，讓數字與數量相互對應。太早背誦而不了解意義，對孩子的數學能力並無幫助。

培養規律作息、生活自理能力

短短兩個月，小一新鮮人得面對的生活型態與作息，與幼兒園大不相同。

步入小學，孩子得開始適應：鐘聲是作息的最高指導原則，下課才能喝水上廁所，上課不能隨意走動，學會注音符號後要開始抄聯絡簿，午睡是趴在桌面上休息……哇！怎麼頓時天壤之別？

別擔心！多位低年級導師與過來人父母，合力傳授實用教戰法寶，讓你把幼小銜接的「大階梯」，化為漸次向上的「緩升坡」，順利登向小一。

一、用正面字眼給予祝福

每個「新開始」，都是給予祝福的最佳時機。小一新鮮人即將面對「規律生活、正規學習」的日子，家長在日常交談中，多用「可以交到更多朋友」、「可學到更厲害的知識」、「操場更大」、「圖書館故事書更多」等正面語句形容小學，讓孩子期待小學生活的正向情感不斷滋長，減低害怕、焦慮的負向情緒。

二、大手牽小手熟悉校園

建立環境熟悉度，是「穩定軍心」最有效的方式。家長可以利用假日造訪校園，認識學校位置，以及教室、廁所等最常用的場所，讓孩子降低對小學的生疏感。

此外，放學時間人車雜沓，務必與孩子確認接送地點。若孩子走路上學，最好帶著孩子多走幾遍上、下學安全的路線。遵守交通號誌，儘量多走人行道或騎樓，別貪圖快速而鑽入偏僻小巷。

三、注意遊戲器材安全

許多學校健康中心都發現，低年級最常因遊樂器材使用不當，導致發生瘀傷、跌傷、撞傷的比率最高。帶孩子熟悉校園遊樂場時，家長可示範正確玩法，並提醒孩子：玩遊戲時，最重要的一件事，就是注意安全，別讓自己受傷了！

四、共同制定作息時間表

讓孩子準時上學，除了「全家總動員」調整生理時鐘，家長還可與孩子一起制定「作息時間表」與「獎懲規則」。

幼兒園經常使用的「集點獎勵」制度，對小一生依然很有魅力。開學前，父母可陪著孩子思考：以後每天晚上有多少事情必須完成？做這些事要花多少時間？讓孩子自己制定時間表，並透過貫徹獎懲規則，達到早睡早起的目的。

235

五、重視生活自理能力

「台灣家長都太重視課業學習，忽略了生活自理能力」，不只一位低年級導師如此感慨。父母可透過「書背朝自己，大書往下面、小書往上面」的置物原則，以及教孩子找書時掌握「整疊拉出一半，抽出需要的那本」等小訣竅，讓抽屜井然有序。

六、協助孩子學習等待

幼兒園到小學，也是從「立即獲得」到「學習等待」的過程，孩子必須學習有耐性「等待」老師幫忙。父母可每天花十分鐘，讓孩子練習「坐在座位上，做自己喜歡的事」，數週後漸次增加至二十分鐘，至少以三十分鐘為目標。

要改變幼小孩子行為，可掌握以下步驟提升效果：（一）一次只改一件事；（二）有進步就記錄、給予獎勵；（三）一開始採取低標，隨熟練度提高，可提升標準；（四）一項行為改好後再換下一個。

父母要有至少兩個星期到數月的長期抗戰心理準備，中途停止就前功盡棄了。

參、經驗累積，字字珠璣
Accumulated Experience;
Each phrase a gem

　　筆者任教補習班多年，時時提醒自己肩負教育責任的重要性，同時經由教學生涯的點滴，記錄其中的精髓，希望對後輩有所助益，在教學及經營上更上一層樓。

上班首日，必做之事

237

　　一般人到一個新環境上班，第一天要做什麼事呢？如果有機會，看看上司或老闆在做什麼，卻不是看同事在做什麼，因為上司或老闆會利用時間做事，所以看老闆在做什麼，老闆對待員工的態度、做事的方法，或許會知道整個公司的概況。老闆如果有值得學習之處，不妨做個筆記，讓自己更快進入狀況。

　　「觀察」是一件很重要的事，對於一個新人來說，許多細節都可以細心觀察，如垃圾桶有什麼垃圾，代表這家公司的業務性質，而補習班可能有丟進去的考卷，從而知道是否管理鬆散，也會知道這補習班有沒有遠景。

當然，上班首日，另一個狀況就是老闆也在觀察你，看看你能夠做什麼，不是去工作了就拿到鐵飯碗，任意妄為。私人行業不比公家機關，一般公司行號訂定試用期也是這個道理。因此，在一切都還不明瞭的情形下，謹守本分、積極學習絕對是不二法門。第一天就與同仁裝熟的新人難免讓人感覺油腔滑調、不切實際；若對新事物表現出不感興趣也難免讓人覺得消極被動，第一印象就被打了折扣，未來想再翻身就難上加難了，這就是職場上的生態，新人不可不慎。

撿起來做

　　一位新人進入新的工作環境，應該要發揮「有垃圾撿起來」的精神，這看似簡單卻不容易。例如大家都不去掃廁所，我去掃；沒人要去接學生，我去接；沒人帶學生過馬路，我也可以帶；學生放學在等家長，也可以寒暄打招呼。甚至一些行政工作，若心有餘力亦可主動幫忙，不只是為補習班，同時也是為自己，這些撿起來做的動作可以為日後累積能量，當他人還在摸索時，自己其實已經跨了一大步了。

要有忙碌的勇氣

　　有人認為上班要找錢多事少離家近的工作，這樣就完

了。對於一家補習班來說，根本不可能有錢多事少的工作，因為「招生」為先，招生工作只怕少不怕多，不怕學生太多，就怕沒有學生，沒有學生哪有老師？哪有補習班？因此，環環相扣的情形下，就是必須承受忙碌，承受責任，這樣的老師才有可能不斷地進步。

害怕什麼

一個人面對自己的工作，有時遇到瓶頸時內心便油然生起了恐懼害怕，在補習班也一樣。若一位老師害怕，應該想想看如何面對，而不是逃避。有位老師來上課，時間到了卻總是還在整理書本、影印資料，感覺很忙的樣子，因此幾乎每堂課都遲到進教室，三至五分鐘不等，這遲到的時間看似不長，但浪費在全班每位同學的時間相加，就足以耗掉好幾個小時了。後來這位老師因為無法承受教學壓力而辭職，才道出每節課總是遲到進教室其實是故意的，因為不敢面對學生而故意裝忙，晚個三五分鐘也好，這種鴕鳥心態實不足取。

試著找出害怕點，自己問一個Q（question），就要找出一個A（answer），一步步面對問題、解決問題，用過關斬將的精神處理它就會越來越得心應手。

239

答案在哪裡

前面說過，當遇到問題時就必須找出答案，但千萬不要執著答案，有時答案並非永久不變的。有個學生在補習班受了傷，老師總是以雙氧水、紅藥水塗抹，再貼上OK繃了事，後來學生家長來電，告訴老師他的孩子皮膚過敏，不宜貼OK繃，這雖是一件小事，也足以證明不是每件事都可用相同程序完成。家長接送學生也常是隨時變換答案的例子，老師明知道這位學生固定只補習星期一、三、五，思維總想著這樣，卻不知有時星期二、四也可以加入輔導，在百忙之下便容易漏掉家長也會接送這個事實，聯繫上就容易疏忽。

在每個階段有不同的答案，答案可能來自於同事、老闆、家長，將答案對症下藥，隨時變通就能隨時應付不同狀況。

SOP的位置

一家好的補習班絕對需要SOP，從櫃台到輔導老師、組長、主管、教務、總務、訓導等都有SOP流程，最好每個階段皆歷練過，才算稱職員工，以後累積的能量可以做一位部門的主管。

產業界也相同，一位總機小姐初位居基層，但藉由電

話禮儀，熟悉所有服務客戶流程，使客戶都能獲得滿意的答案，久而久之便獲得拔擢，成為公關發言人。在SOP的位置裡可能是單一職務，在補習班也是一張白紙，哪一天媳婦熬成婆，學到很多，這個位置便能發揮到淋漓盡致，原本輔導老師就可轉任任課老師。

老師這份工作並非產品，雖有一套SOP班級管理與教學制度，但學生是活的，隨時變化或修正教學方法，每一件個案處理都是一次貨真價實的經驗，老師就是藉由這些經驗慢慢磨練出來的。

準備好，全力以赴

你上班的時候只是來上班嗎？這句話常須對自己捫心自問，也須問自己是否上班一條蟲，下班一條龍，因為這都關乎自己是否認真對待此份工作。當然下班後為了紓解壓力，從事各類休閒活動，讓自己獲得充分休息都是必要的，但只要上班那一刻起，就須全力以赴，準備給學生最好的。

台上十分鐘，台下多年功

一位老師開始教書時，剛開始慢慢摸索，後來懂得用自己的方式教學，多年後，累積一定的能量，在教學技巧上大

有斬獲，這些過程正好套上「台上十分鐘，台下多年功」最為貼切。

曾經老師在台上就是演員，現在則是一位演而優則導的導演，可以演也可以教下面的學生一起演。台上十分鐘精彩演出，若以一位導演的角度來演出這齣戲將更精彩，運籌帷幄、精心布局全都掌盤，細微之處盡皆拿捏準確，在教學上可謂爐火純青。

老師甚至是一位魔術師，化腐朽為神奇，變化出令人讚賞的教學內容，孩子自然喜歡。因此，求新求變仍然是老師應不斷追尋的目標。

兢兢業業，親力親為

有些老師的心態是有來教就好，其他的就不關我事，但真的事不關己嗎？舉個例來說，如果sense夠，就知道學生段考的成績也是老師的成績，檢視自己教學是否有效果，學生是否充分吸收，這都與自己息息相關，若成績不如理想，就應警覺哪裡出了問題，哪一個環節鬆了，甚至有的老師在考前就可預知結果，知道哪些學生將會進步，哪些將會退步，這表示老師對於教學的掌控保持著敏銳度，這便是透過兢兢業業、親力親為來達成目標。

補習班內的老師分為全職與兼職二種，全職多數為一開

教育無界限
補教師資有一套

始沒有太多經驗的老師，在補習班的保護傘下工作，也需分擔部分行政工作；而有經驗的老師則多數兼職跑課，具備隨時解題的能力，完全不需備課，拿起教材就能教授，因此不會單一聘雇於某補習班，除非該補習班有一定規模，將老師的課排滿。當然補習班的方向或政策也息息相關，有的為節省開支，減少負擔老師各項福利，聘任兼職較多，這就另當別論了。

　　無論是兼職工作或全職工作，兢兢業業，親力親為仍然是最高指導原則，差別只是運用時間不同罷了。

驕傲在敗壞以先，狂心在跌倒之前（聖經）

　　「驕傲在敗壞以先，狂心在跌倒之前」聖經〈箴言〉16：18，這句話的意思是自滿驕傲，必招損壞。

　　的確有些老師在教學上有經驗、能獨當一面，但自我感覺太好，常自視甚高、不可一世，不願意與同事分享教學資源，也不願意彎下腰來傾聽補習班的意見，只覺得自己的作法最可行，久而久之，朋友都沒有了，同事也都敬而遠之，遇到困難時也無法找人協助，到最後抱怨連連，其實這都是自己種下什麼因，獲得什麼果的結果。

　　所謂「謙卑贏得尊榮」，雖然有自信是絕對必要的，但過當就易形成狂妄，不要太自我感覺良好，如果放大了那個

「我」，無限上綱的情形下很容易身敗名裂；反之，謙虛往往讓自己處於柔軟的心境，為他人著想，自然散發出令人景仰的氣息。

小國之王，大國之臣

俗話說：「寧為小國之王，不為大國之臣！」這觀點如果套用在補習班，也對也不對。一位老師任教的補習班若屬於地區型，在辛勤努力之下也可以發展得很好，成為一方霸主、社區之王，在地區打響口碑，獲得尊榮。若任教於大補習班，競爭對手多，相較之下，似乎較為不利，但資源豐富，進步空間大增，這樣的大國之臣也不賴。因此，兩者各有千秋，端看以何角度對待。

當個小國之君，有時就得面臨小危機，還得親自解決；當個大國之臣，可能面對不同的困難，更難解決，不過在補習班的保護傘下，有更多的人協助，可直接找到問題的解決方法。

因此，要成為名師很辛苦，因為都必須經歷小國與大國的磨練，才得以脫胎換骨。當然，學而優則導，不少名師更邁向下一步——大國之王的目標邁進，達成更崇高的理想，我們也不禁為這些人喝采。

妥協學生，妥協自我，全輸了

　　學生有時要求這個要求那個，一下子要求不要舉行小考，一下子要求加分，於是心軟的老師答應了，認為施予恩惠，學生必也能感謝老師，但結果不然。大部分的學生跨越了界限，只會更加摸索下一個界線在哪，於是學生一步步進逼，老師一步步退讓，退到無路可退時，學生反而嗤之以鼻道：「哈！老師輸了！」甚至看扁老師。

　　學生很吵，老師用妥協的態度，而不是用管教的態度任其妄為。對學生妥協就是對自我原則妥協，的確，在職場上，相信老師都知道該遵守規定，不該讓學生打破。但有時上班累了，原本想要做的事便想：「乾脆下次再做好了！」本來安排學生小考，卻因為這念頭，加上台下學生一張張苦苦哀求的臉龐，便取消考試，這便是禍端的開始；學生沒有達到要求而行為出軌，老師也因為妥協就直接想想算了，暫時不處罰……以上種種，一步輸就全盤輸了。

自我感覺受害，失敗的態度

　　有時上班上課時感覺壓力大，學生總是教不會，又有輔導、電訪、行政工作擺在眼前，事情好像永遠都做不完，班主任又不斷在旁緊盯；再對照其他同仁早早完成工作，哼

245

著愉快的節奏下班去，便自我感覺人生好苦，自己是個受害者，有機會便找人抱怨，嫌自己總是做最多事，別人做最少事。若有同事說：「辛苦了！」便懷疑同事在諷刺自己，嘲笑就是因爲工作能力差才會這麼辛苦，敏感程度破表。

這類老師習慣將工作往外推，不願意扛責任，遇到事情過多便怨聲載道，做事拖泥帶水，可以想見這個老師在補習班的生涯差不多可以結束了，因爲沒有補習班願意雇用這種態度的老師。

寧願處處往好處想，事情來了可以想：「我表現機會又來了！」從小就是個陽光少年，長大是個陽光青年，到老了，也要當個陽光老年；處處皆正面思考，才不會落入失敗的深淵。

挑戰開啟新的目標

一位老師在同一職務上待久了，同樣的教學模式，相似的學生行爲管教方式，日復一日，年復一年，難免會有倦怠感。爲了不讓教學僵化，有的老師會利用時間進修，有的在課餘空檔培養其他嗜好，而有些老師更積極的挑戰了另一領域的教學工作。例如原本教授兒童美語，轉而教授國中英文。同樣是英文，領域、深度變了，對象也改了，因此迸出另一次火花；原本教國中英文，轉而挑戰兒童美語，這樣的

轉變更大，因爲不只是教學內容，還要學會表演，且十八般武藝樣樣須精通，這是更大的挑戰。不管如何，開啓新的目標，讓人生更精采，教學生涯更加美好。

一張考卷，學問超越

　　一張考卷，呈現的是鑑別度、信度與效度，對老師來說，一份好的考卷能澈底評鑑學生的學習成效比什麼都重要，在這樣的前提之下，用心將考卷出好就更形重要了。

　　有的老師往往爲了節省時間，囫圇吞棗，東拼西湊，在很短時間內將考卷出完，只要滿分湊到一百分就算達成目標，根本不仔細推敲裡頭到底出了多少題型，多少觀念，有可能重複的題型出了一大堆，而其他題型一題未出。而最糟糕的是重點完全沒有抓到的考卷，盡是呈現一些旁枝末節，無關緊要的題目，顯示老師的不用心。

　　筆者也見過一份錯誤百出的考卷，完全浪費了學生的用心作答，在找不到正確答案的迷惑中讓學生信心盡失。若出了考卷卻沒有親自做過也是一種不負責任的行爲。因此，下次當老師坐下來準備出一份考卷時，應該告訴自己這不是一張普通的考卷，它關乎學生的學習，不可辜負同樣用心對待此份考卷的莘莘學子；必須用心去寫，用心去出題，用心蒐集題目，甚至作圖、插圖都需用心，務求清楚明白，讓學生

在有條理的情形下作答。

難教的學生，一旦教好，刮目相看

　　幾乎所有的老師都會說「現在的學生真難教」，這句千古不變的話，至今仍讓爲師的人有一個滿合理的藉口：教累了，教煩了，休息一下喘口氣，發發牢騷，反正又不是只有自己認爲學生不好教而已，普天下這麼多老師都認爲如此，那自己就不會這麼洩氣了。但是，反觀另一種思維，難教的學生一旦教好，不只讓人欽佩，大家也一定想探究這位老師到底有幾把刷子，到底用何種方法讓冥頑不靈的學生，一一手到擒來呢？因此，一件眾人認爲不可爲而爲之的工作更令人刮目相看，身爲老師更應面對這種挑戰，有「一舉成名天下知」的氣勢。

　　孔子說有教無類，一位專業的老師，也應具備愛心及耐心，並適用於所有學生，經過這些磨練，就會發現自己脫胎換骨，教學功力又跨進一大步。

教室、補習班不分大小及華麗，
勤做才是最重要

　　想像進入一家補習班，哇！大家驚呼好漂亮，各項設施

皆採用最高級的裝潢，處處顯現華麗風格；電子白板、單槍投影機、液晶螢幕一應俱全，現代科技一覽無遺。對照另一家補習班，設施已呈現老舊，各項教學資料也僅以傳統書面訊息展現，教室雖沒有美輪美奐，但仍不失乾淨整齊。

以上二家補習班做比較，若只憑這樣的訊息學生立刻選擇了前者，就未免過於魯莽，最重要的教學品質應該才是選擇補習班最需考量的重點。有的補習班一步步向前邁進，先有軟體（教學品質），再要求硬體，另一種補習班則是相反。但無論如何，人的努力還是最重要的，如果很認真、勤做，不管輔導、電訪、用心出考卷，心裡總是為著學生，補習班教室的華麗都只是加分作用，若是簡陋的場所，勤做還是會有口碑。一位很會教的老師，就像一位醫生，醫術很好，不管他的診所有多簡陋，一樣門庭若市。老師抱持這樣的心態，無論走到哪裡，都不怕沒有學生。

最大的敵人及競爭者都是自己

人有時碰到不如意時，便想找個藉口，有些經營者已經沒有經濟上的壓力便想乾脆退休算了，但退休後真正的生活有這麼理想、有這麼優閒嗎？想想，或許還可繼續做下去吧。於是便繼續下去，久而久之就習慣這些壓力了。因此，這印證了最大的敵人是自己，撐過去就是自己的，沒有撐過

249

就表示被自己打敗了。有位補習班主任告訴自己，即使老了還要做下去，做到走不動為止，這已經超乎對一份工作的看待，也已經不是賺取多少錢的問題，而是一份理想的實現。

最大的競爭者就是心中的自己，但大多數人只是等待，成天怨天尤人，為失敗找理由，並且用自己主觀的意識來判斷，讓成功的機會永遠從身邊流失。但只要肯用客觀的角度為自己的選擇下決定，相信只有自己可以幫助自己成功。

做工得代價，應該的

教書得到酬勞本來就是應該的，但做的越好才會水漲船高，學生、家長，甚至業界都肯定你了，拿到多少酬勞是應該的，但做不好沒拿到酬勞也無須抱怨，有時不應該抱持著「沒功勞也有苦勞！」的觀念，因為，如果有這觀念就不可能全力以赴，心裡只是想著有做就好了，然後時間到了就可以領酬勞，這在補習班是行不通的。

熱情態度，正面思想

有熱情的態度才會有動力一直做下去，正面的思想即是一種念力；用在學生身上，就是告訴自己要考好，用在老師身上就是要讓自己達成學生都拉上來的目標，讓學生全都表

現很優，用在班主任身上即是要讓學生增加多少。有個新聞說，某個人心裡一直想著，我要中樂透，我要中樂透了，果眞這人眞的中樂透，因此正面的思想及念力是很神奇的。

　　曾經自己好忙又累，許多事情在一天內要做完，被壓到喘不過氣來，心中逐漸產生負面想法：爲何自己命苦？看著別人可以悠閒、不用做那麼多事，還東晃晃西逛逛，自己卻忙翻天，上天爲何如此不公平？種種的怨氣無處釋放。直到有一天恍然大悟，這些辛苦都是自己的，一切都是自己努力不懈得來的——知道怎麼運用時間，運用技巧將工作速度加快。本來一件文案要花好幾個小時，但迫於時間壓力，半小時即可完成，這能力是之前在壓力下工作所促成的結果。最重要的是，獲得了成就感，也得到尊敬。念頭一轉，以正面思考看待事情，其實就沒什麼解決不了的事。

要做到好，不要有做就好，老師要做到最好

　　當檢討一位學生的學習問題時，或許會問：「有沒有特別指導？有沒有輔導？有沒有檢查功課？」答案都是肯定的。但爲何學生的學習成效還是如此低落呢？當然探究原因有千百個，但老師一定需要檢討自己，不是只有「有做就好」，而是「要做到好」。

　　有個班級狀況連連，檢討原因時，老師總是說某某學生

251

實在愛搗蛋、不學好，另一位學生總是說也說不聽，喜歡捉弄別人，造成班級的秩序壓不下來。但最主要的原因聰明人都知道──問題是出在老師本身；老師若能更用心於教學及班級經營，學生的問題都可大大降低。

一個學生教不會，不是就沒事了，老師要有決心盡量把他教會；上課盡量讓學生全部聽得懂，要做到最好。有些老師只是將進度教到，然後來報告說我今天教了什麼，但學生或許都沒在聽，老師並沒有察覺學生吸收的狀況，這就表示事情只做了一半。

路遙知馬力，教育百年大計

俗話說：「路遙知馬力，日久見人心！」在這裡並不是要看人的心，而是要體認教育這麼遙遠的路，我們要一直走下去。自科舉制度到現在，補習班一直扮演著重要的角色，目前考試制度仍然是鑑別學生程度的主要方式，為此，補習班老師就應該好好教書，讓學生能夠從容面對挑戰。

有些補習班為了招攬學生，花招百出，盡是舉辦一些沒有太大意義的活動，或者攻擊其他補習班，壯大自己，結果老師都被迫將心力在此消耗。

別人不會同情你，長江後浪推前浪

　　因為工作的現實，在強大的競爭下，老師本身沒有努力，很快就會被他人取代，雖然殘酷卻也反應社會競爭的本質，無法怨天尤人。

　　設想一位大學應屆畢業生，今年風光離開校園，進入職場找工作，抱持著自己還年輕，機會還很多的心態從業，不積極也不努力，等到明年又多一批人畢業了，和上一批的畢業生搶飯碗，這才驚覺自己浪費了機會，但為時已晚。

　　若以職場的角度來說，中生代最可貴，有體力也有經驗，但也要時時保持警覺，經營並充實自己。

　　「後浪推前浪」在老闆的觀念裡或許是個轉機，因為應徵人才有更多的選擇；老闆可以挑選有企圖心、有衝勁、學歷條件皆不錯的人才。但對於一位老師，長江後浪推前浪就是個危機。自己的缺點剛好可由他人的優點來彌補，很快就會被取代。所以學生、家長或是班主任，往往是檢視自己是否會被後浪推倒的仲裁者。唯有加油努力、儲備能量、累積經驗，培養他人無法取代的特質，晉升至中生代，才有不被推倒的本錢。

253

零風險的工作，人生就去了

很多人希望沒有風險，上班就是來與去的動作，有些老師也是這個觀念。但沒有一個行業是零風險，即使是公家機關也是；只要是工作就有壓力存在，不管是責任壓力或業績壓力，重點在於用何種態度面對。

有位老師提及工作不順利，我心裡想，我是她老闆，不順利可能與我有關吧？但該老師提及不順利的原因，原來是承擔來自家長和行政工作的一點壓力。事後分析原因，該師以前的工作較簡單，沒有承受太多壓力，造成當壓力一來便承受不住。當向她說：「妳點名不確實喔！沒有點到名的學生要快去打電話……」這對那位同事來說，卻認為是不可承受的責任。因為她的心態是來上班，時間到了就下班了，問她：「請問妳的人生有沒有規劃？」只見她搖搖頭。我立刻就想，這人來這兒工作，只是找一個工作做的心態。一路走來，她可能都是由父母規劃人生，從讀書、補習、選擇學校，皆是由父母安排好，順著安排走，當進入職場，理所當然就不懂得再規劃自己，當需要獨當一面時，就不知如何是好，不知要如何應對。一個人當不知道風險在哪裡，以為會是零風險時，這樣的人生就去了；相信到下一個工作，依然會面臨同樣的問題。

自我評一百分，
老闆評不及格，為什麼？

　　一位老師自認為教學教得很好，在台上滔滔不絕，自己認為學生都聽懂了，但其他老師、主任卻不這麼認為。那到底應該相信誰的？畢竟主任是過來人，經歷許多個案與教學，對學生的心理也能熟悉理解，此時老師是否應該仔細想想，參考主任的評論呢？一些老師經驗太淺，如果主任評不及格時，建議應該聽主任的。除非這位主任平時不管事、不了解教學現場狀況，對事分析有偏頗，以為自己有錢就可以開補習班的這類主任，當然就另當別論了。如果這位主任是值得學習的那一類，那做老師的就要了解自己為何不及格，從而虛心改進。

堅持！就有未來

　　俗話說：「撐久就是你的！」這中間必定經歷一段學習過程與酸甜苦辣；個中滋味盡在不言中，所有喜怒哀樂自己承擔。但綜觀之，在教育現場，無論是學校或補習班，遇到的問題其實大同小異。面對問題，勇敢解決，自然變成處理問題達人；碰到什麼問題自然都難不倒，這就是辛苦的代價。因為為教育而去努力，堅持才有未來。

255

成功的定義，並非都是錢

從事補教事業以來，見過太多關於為「錢」傷心的事情。一位老師前來應徵，開口閉口都是錢，要求多少酬勞，鐘點費多少。一開始談妥了，但不久之後看到學生人數增加，便要求加薪，不然就要離職，以此威脅補習班。也有些老師認為主任賺很多，暗自估量應該給老師多少才算合理。

往往這些老師從沒有想過，補習班花費的成本有多少，以為由學生那兒實收的補習費全被班主任賺走了，或者收了補習費十萬元，付給老師五萬元，老闆也賺了五萬元。但老師卻沒想到補習班支付的管銷費用、行政費用往往也高得驚人。老師一旦成功了，人數增加了，也許補習班就會另外聘請助教以維持班級的穩定，這些都是老師沒有考量到的。

也見過有的老師剛開始很謙卑，進退有節不逾矩，但後來有了些名氣後便驕傲地說：「補習班因為我而學生人數增加，所以我要加薪！」

補習班提供舞台，讓老師累積經驗、增進教學實力，但往往老師不知感恩。若一位新進員工有這種心態，相信老闆一開始就不會錄用了。當一位老師成功了，班主任一定會好好謝謝這位老師。若一切以錢為衡量標準，有時反而會造成反效果，這一把尺的拿捏有其分寸。

有句臺灣俗話說：「養老鼠咬布袋！」有些老師自認為

補習班虧待他，心生不滿一走了之，認為沒有自己的這家補習班便會倒閉。甚至另起爐灶，當起老闆，在附近與原補習班打對台；開補習班只是為了報復的心態，難免未來也會面臨遭到報復的命運，這是屢見不鮮的。

　　一位老師有許多種方式邁向人生另一個高峰，例如可以和主任一起談合作，也可以好好與主任討論，擬定彼此互信機制。成功的老師一定有成功的過程，也一定能夠維持補習班的良好關係，傳承優質學風。雖然做工有其代價，但是一定要謙卑，並非處處以錢為前提，歸於制度化才是解決之道。

理由、藉口，只會讓自己跌倒

　　有一位學生沒有來補習，老師電訪家長，家長對老師說孩子反應老師教的都聽不懂，因此不想來補習，老師也對家長說學生上課都不聽，也不寫作業，各說各話，但家長認為花了錢來補習，老師便有責任將學生教懂，而老師也認為自己已經拼了命教書，是學生自己上課不認真。其實客觀來說，兩造都須檢討，因為理由與藉口只會讓自己跌倒，所有的家長都不會承認自己的孩子資質駑鈍，也沒有老師認為自己很不會教，因此，便會找一大堆理由與藉口掩飾缺點。服過兵役的人都知道，軍中長官常對下屬說：「不准講理由，

因為軍事訓練就是將不可能變為可能。」當退伍後回憶起當兵時，總會想起那一段艱辛的歲月，就是有了那一段磨練，本來達不到的目標都達成了。

因此遇到挫折時，不妨先傾聽對方的批評，先行勇於承認自己的錯誤，與家長溝通時不要只是為了辯駁，陷入各說各話的泥淖，重點是能夠給家長一個安心的保證，不推託、不找理由，勇於面對，就像一位勇於任事的官員，面對問題時不會推責，不會一味說是前任官員的錯，而是承諾要好好想辦法解決。老師的當務之急是讓家長重新建立起信心，知道老師的用心與決心，希望家長一起來配合。

我要體力與毅力，不要回憶與記憶

有人上班一條蟲，下班一條龍，上班總是提不起勁，到了快下班時卻又活了起來，這樣的生活就是對自己不負責任，因為長期下來對於健康必產生嚴重的危害。

身為一位補教教師應該妥善規劃生活，將體力留給未來，把最好的呈現在補習班，正確的方式為：「七成的體力在工作，三成留給自己閒暇時刻。」一定要有空間走更遠的路，如此才能教得更久，更有毅力。

有的人常回憶自己當年多麼風光，建立了多少豐功偉業，但請記得，真正的好漢是不提當年勇的，年紀有了，體

力上要服老，但心態上可以不服老，很多補教業者的下一代不願接補習班，即是看到上一代拼到最後健康狀況慘兮兮，沒有了健康的身體，財富再多也枉然，但其實建立健全制度的話，傳承是很好的，讓教育事業長長久久，嘉惠學子也算是功德一件。

別跳步驟，按部就班

　　有些老師教書跳步驟，學生也跟著學，結果害了學生也害了自己，例如寫數學題目時，明明是計算題，若只有答案沒有過程，即使答案對了老師還是會扣分，若有步驟最後的答案卻是錯的，也許還是會有一些分數，顯示步驟與過程是多麼重要。

　　老師往往以為這些題目非常簡單，學生一定都會，因此直接省略步驟，或以口頭告知學生省略的步驟，結果是學生搞不清楚老師的思路，只有照抄的份，並沒有真正理解題目，本來可能全部學生都可以聽得懂的題目，只因老師省略了步驟，或許一半都變得模糊了，這是多麼可惜的事，因此按部就班還是最重要。

　　如果老師真因為趕時間無法一一在白板上呈現原貌，記得要有配套，例如提供一份完整的步驟給學生，並出相似的題目在旁，讓學生以一樣的步驟解另一題，讓學生得以親自

練習一遍，這樣就可避免困擾。

要捨得投資自己

　　上班打領帶，把皮鞋擦得發亮，也是一種投資，參加心靈課程，買教學光碟，看了這本書有所助益，也是一種投資，絕不是讀到大學或研究所畢業，就表示不需再精進，要捨得投資自己，才知道世界有多大，自己還有多少進步空間，因此，一位聰明的老師總是會想辦法讓自己更精進，不管花費多少都在所不惜。

失敗知道要站起來，
更重要是走出去

　　在補習班所謂失敗的定義大抵就是面對學生遇到的挫折，以及無法承受上層的壓力。學生無法管教，或學業總是沒有起色，對老師來說就是失敗。失敗後，站起來不難，例如和學生的恩怨情愁，跟家長的不愉快，認真面對就可以解決了。點名點錯了、被主任罵了，認錯就好了，若不走出去，獨自躲在角落暗自哭泣，鬱悶寡歡，最終受傷最深的還是自己。

　　勇敢的老師要告訴自己，不只要痛定思痛，還要站起

來，用力地走出去，越是回憶過往不愉快的經驗越是無法放開，因此，忘掉過去讓自己重頭來，或許是最好的解決之道。

失敗是自己抗壓性太弱，並非他人從中作梗

學生考試考不好，班主任念了老師兩句，但在老師的解讀是罵了兩句，直覺遭到羞辱，沒有面子。其實，在正常情形下只要沒有牽扯到人身攻擊，就是一種磨練，失敗是自己抗壓太差，但有些老師往往怪罪他人，千錯萬錯都是家長的錯、班主任的錯，甚至學生的錯。

現在許多年輕族群上班遇到不如意，回到家裡便上網或用facebook攻擊老闆，給老闆好看，不顧後果，認為老闆是那隻黑手，將自己推倒。老闆要開除時，便理直氣壯要求資遣費，完全不在乎公司同事的看法，公司一家接著一家換，永遠不會有停止的一天，直到沒有任何公司敢聘用為止。這類人往往來自於優渥的環境，從小備受父母保護，也幾乎沒有遭遇什麼挫折，更甭說面對挫折應有的態度，才會演變成許多衝突事件，輕則吃上牢獄之災，重則造成凶殺事件，以悲劇收場。

身為老師，有時第一件事要做的並不一定是教學要教得

多好，而是面對挫折時應該如何自我建設，讓自己在失敗中很快又站起來，因此，切忌怨天尤人，將責任一味往外推，這樣對自己一點幫助都沒有，如果能好好反省，改變自己，也不失爲一件美事。

成功者適應環境，不是環境適應人

有些人到一個新環境，一開始畢恭畢敬，各方面都很完美，漸漸的情緒寫在臉上，無時無刻在生氣，總是認爲別人怎麼這麼不順眼，環境怎麼這麼糟糕，但卻忘了是自己要適應環境，不是環境適應自己，天下沒有這麼好的事。

補習班經營，有時因大環境改變，如經濟不景氣，有些家庭無法有多餘的費用讓孩子補習，班主任就必須適應這樣的結果，但有時家長並不是因爲經濟壓力，卻幫孩子選擇性的刪掉一科，這時被刪掉那科的老師就要檢討了，爲何家長別科沒刪卻刪了自己的這科？面臨這樣的狀況，有些老師選擇不予理會、不被環境影響，不想適應環境，通常會有這樣的心態來自於資深的老師，教太久了，不想改變，想退休了，但是，老師必須想清楚，適應環境也是一種成長，讓自己接受另一個挑戰，才能達到巔峰。

別把失敗當人生的絕望

有位老師睡覺做夢連續夢到有位學生桀傲不馴，學生每天晚上都來夢境與之奮戰，直到這位老師腦神經衰弱，最後不得不暫時停止工作。

有些老師教到生病，鬱鬱寡歡，被家長罵了，就自認為人生一切變為黑白的，其實有些家長，年輕氣盛，怕老師將自己孩子貼上標籤，卻不懂得尊重老師。每個人都不願意吵架，當一件事爆發太嚴重時，老師的熱忱可能就會被家長擊垮，或被主任擊垮。當老師自認為這就是失敗或是人生的結束時，便認為不適任此份工作，決定轉換跑道。

其實態度決定高度，轉換跑道之後，態度還是一樣，難免還會再度轉換跑道，有一位老師，教書遇到挫折，便離開改行賣車，過了不久再次遇到他時，這位老師又已經換了下一份工作，這樣的不斷嘗試不同行業，其實很痛苦，好像人生毀了。其實換個頭腦想時，並沒有那麼慘！這取決於老師對事情的看法，遇到挫折不要看得這麼重，一切淡然處之，才有可能長長久久。

263

經驗的成功，思考回答不超過三分鐘

筆者教書超過20年，經營補習班邁入第17個年頭，經驗

的累積下，其實一直訓練自己，思考一件事情到回答出來不超過三分鐘，只要有教學或其他問題，皆不超過此一標準，一來是讓自己培養果斷、清晰判斷的能力，一來讓直覺趨向正確，提升效能。

或許能夠正確無誤的判斷事情不容易，因為這絕對需要經驗的累積，心中有大量的資料庫，隨時調出來並加以分析才得以正確回答，期勉有經驗的老師，朝此方向努力，當迅速的判斷，大膽的回答獲得掌聲，就可證明自己的努力沒有白費。

所有經驗都是人生拼圖，
你覺得是什麼圖案

想像人生是一張大拼圖，所有生命的歷程、工作經驗全都顯現在這張拼圖上，因此，一位資深的補教老師必定有一張完整的補教人生拼圖——豐富的教學面貌及對學生的循循善誘；而有些人可能是不同的拼圖，前一小段是補教人生，中間是汽車人生，再一小段是遊戲人生，後來又變成售屋人生，看似多采多姿，但若最終沒有找到方向，還是白白走這一遭。

人生就像一位藝人，扮演好自己的角色，一位大企業CEO，希望拼出事業版圖，讓自己的產業不斷擴張，也算是

拼出美好的圖案。一位補教老師同樣可以想想自己要拼出什麼圖案，有位作文老師擅長於拼出理想的夢，將自己的夢訴諸於字裡行間，另一位英文老師則透過語言的探索將世界各國的風俗民情都拼出來了。而數學老師也將數學領域由小一到高三一一將孩子拼出金頭腦。

身為老師，心中有一幅拼圖，朝此邁進，不枉此生。

快樂工作，工作快樂

有人認為，成也家長，敗也家長，遇到一位難搞的家長真是氣死了，但換個角度來說，沒有家長，哪來的補習班。因此，在補習班，要將學生及家長當成敵人或是朋友會決定這份工作是快樂或是痛苦。

在補習班一定有快樂的一面，我看到某位行政主管將所有的學生視如己出，因此她很快樂地從事此份工作，也常看到教過的孩子回來找她，於是她更快樂了。她說最幸福的事情就是看到孩子在這環境中成長、歡笑，就不自覺也為他們感到幸福，所以收穫最大的還是自己。另一位年紀已經有一把的班主任說，他從沒想過要退休，因為在工作中可以啟發很多思想，人生就會充滿能量，這是我們要學的。

滿足、知足是最大的財富

大家都聽過「欲求不滿」這句成語，賺了十萬，就想賺二十萬，到達目標後，又想賺更多，但邁入中年後，漸漸領悟到不是每件事都可以金錢來衡量，就如同「有子萬事足」回到家看到孩子，心中充滿滿足，就是最大的財富了。

認同本業，當作事業，才有高度

有些人對待自己的工作心態並不一樣，有人只是謹守崗位，將自己份內事情做好，其他一概與我無關，但有人則充滿企圖心，想像這就是自己的事業，除了自己的事情做好之外，還會熱心幫其他人做好。因此，這兩種人，基本上在心態上就有極大的差異。

想像第二種人，從事補教工作時，除了教書工作外，也會盡量吸收其他經驗，行政、文書、招生、訓導工作樣樣都學，有位老師便是具備此種精神，將這份工作當成事業來經營，做得比別人多都不嫌累，與班主任成為了好朋友，進而成為合夥人，終於獨霸一方。

若將工作當成自己的事業，才會有高度，視野更寬廣，思想更宏觀，既然選擇補習班，就要認同它，相信自己終有一天會在這領域開花結果，實現自己理想。

成就孩子，成就老師，最大的福田

　　成就孩子是身為一位老師的責任，成就老師是身為補習班主任願意分享的責任，若是主任或老闆認真帶自己的老師，就是最大的福田。有個可愛的老師說，他去算過命，結果算命仙告訴他不會活很久，唯一可以化解的就是從事教育業，教育孩子，成就善業，因此，因為這個原因，他來擔任補教教師，努力作育英才，化解生命中的劫數。

　　若有人將補習班認為是可撈的事業，可以從中獲取極多財富，肯定這人無法經營成功，因為此人的出發點不是出自於善念，也不會將學生照顧好，若有人出自於教育理念來經營補習班，即使剛開始規模極小，相信後來也會慢慢擴展出一條路，因為上天會疼惜這位種下福田的經營者。

不會就要學，別怕丟臉

　　前幾天有一位老師離職，原因就是怕丟臉，演變為怕被人羞辱，尤其怕被主任、同事、家長羞辱，簡單說就是臉皮薄，但是將目標放遠，要學東西首要就是不要怕丟臉才行。

　　如果不走這一行，別行就不怕丟臉嗎？舉例來說，賣車子的銷售員面對日新月異的科技，一下機械渦輪增壓系統，一下電腦輔助變速系統，噴射引擎種種尖端科技，雖然以前

不是學這一行的，對機械這門學問一竅不通，但還是必須不恥下問，不能怕丟臉。

有些新進老師被罵往往覺得好丟臉，恨不得挖個地洞跳進去算了，殊不知其實幾乎所有老鳥也是遭遇大大小小正面與反面的教誨才成長的，若剛開始為顧及自尊，其實可以跟主任商量，請他私底下教授相關祕訣，但最重要的，還是要敞開心胸，不怕他人的眼光才是上策。

將自己特色及定位找出來，大大發揮

每個人其實都有特色，有人擅長幽默搞笑，有人擁有金頭腦。有次補習班舉行段考，後來詢問一位老師，怎麼沒有登記月考成績，他指著自己腦袋說：「有啊！在這裡。」便將全班20人的成績一一背出來，原來此位老師高中考上第一志願學校，又是資優班，記憶力一級棒。

身為老師就是要把自己特色發揮出來，有人解題解得很棒，有人有超級愛心與耐心，有人是帥哥美女偶像型，結合教學，都是可以發揮的特色與定位。

千金難買早知道，每個時間都不後悔

「早知道就……」這句話常聽人說，有時我們也會脫

口而出。有位朋友最近父親因為車禍過世，就常聽她嘆氣：「早知道就多帶父親去遊山玩水，早知道就幫父親多買保險，早知道就讓父親吃好穿好……」

最常聽到的就是早知道就買這一期樂透，但要明瞭每個階段都不要後悔，有的老師或班主任中途轉業，後來說：「假如我還在補習班，我早就成功了，我早就紅了！」千金難買早知道，既然轉業就轉業，不要再後悔，每個時間都要珍惜，都該滿足，絕不要後悔。

太順利才可怕，別怕挫折

我有個習慣，如果覺得這一個月非常順利，招生源源不斷，學生學業蒸蒸日上，補習班上下一團和氣，月底就會去捐個錢，做個善事，感謝上天讓自己享有這些福氣。

有個演藝人員，外貌並不討喜，他告訴自己每天都要有個挫折，否則沒有學習的動力，身為補教老師，也可以有這樣的自我挑戰。常與老師開玩笑，有個方法可以讓自己勇敢面對挫折，打個電話給家長問有什麼需要改進的，挫折就來了！如此就有動力往前，發現改進之處，因此，沒有挫折才可怕！

時代在變，追求成功的態度不變

　　每個階段成功的定義都不一樣，並非有錢才叫成功，如果有錢才叫成功，沒有幾個人成功。早期王永慶賣米，賣的好就是他的成功，再以同樣的態度經營其他事業都能獲致成功，就是這個道理。

　　有個朋友賣麵，在其努力經營下成就一方，後來成為連鎖體系老闆，進而熱心公益、奉獻社會。因此，不管走到哪個階段，態度維持不變才是重要的。賈伯斯一生多舛，卻始終追求自己的夢想，不願被環境妥協，不管遇到多少挫折，仍堅持不懈地走自己的路，創立動畫公司，製作出偉大的動畫電影，後又回到蘋果電腦公司，締造ipod、iphone、ipad的新時代，同時致力於簡約及便利設計的追求，改變一般人用手機的習慣，一輩子追求成功的態度不變，圓滿了精彩的人生。

成功是一步步樓梯，不是電梯

　　人的成功路徑追求或許可分為搭電梯與走樓梯，搭電梯就如同含金湯匙出生，受到父母加持快速致富，當然也有靠自己努力而成功的，只是例子極少，而父母親不會一輩子在旁，因此，當失去父母的庇祐，又無法獨立堅強時，電梯的

另一功能立即出現——快速下降。

　　若是走樓梯，每個樓梯都有個平台，每個階梯都代表一小段努力，踏實又平穩，一步步爬上去，這就是成功。相對的，當往後退時，也是一階階向下，不至於立刻跌入谷底，過程中若儲存好資糧，即可繼續向上爬。

　　「學海無涯唯勤是岸，青雲有路志為梯！」說明了志向多高就能爬多高，只要一步一腳印，用最不取巧、最真實的方式進行，就離成功不遠了。

領導者，是懂很多的飽學之士

　　卡通動畫中通常將貓頭鷹形容為飽學之士，同時也是動物世界中具有宏觀的領導人。若在人的世界裡，建立像貓頭鷹的形象也需懂很多才可以當領導人，例如與家長聊股票，但自己可能不玩，與家長談車子自己也懂車子，各行各業都能深入淺出。現今的教育環境中，老師、主任已經不再是固守同一教室或同一辦公室的教育家，甚至補教業界的領導者都要涉獵許多知識，法律、經濟、商業、文學……可能都必須了解一番才行，老師在學生面前懂很多，學生自然景仰，主任在老師面前懂很多，也讓老師有了效法的對象，領導人須時時刻刻充實自己，讓自己隨時能獲取大量訊息，才有正確的決策。

用主管角度解決事情，格局就大了

　　有句諺語：「換個位置便換個腦袋。」的確，當一個人選上總統之後，總統有總統的格局，全國人民的食衣住行育樂全都要仔細估量，如何為人民謀福利，每一點都要懂，每一處都要算，這樣的格局必須通達上下四方。

　　每個人在職務上所處的角色都有不同的視野，但每個人用自己的角度想事情時，以為這就是最好的解決方式，其實不然，尤其對於一位老師來說，看到的事情可能會以片面的方式來解決，例如有位學生不補了，老師會想，不補太好了，這學生太難教了，又會影響同學，不要補剛好可以落得輕鬆，因此，向補習班表示，這位學生不需要挽回了，並加諸一些罪名在這位同學身上。但以主管角度想，這位同學不補會不會影響其他人，媽媽會講什麼，傳出去口碑好聽嗎？補習班應該改進哪些？主管角度須面面俱到，使整個事情圓融，將傷害減至最低，這樣以整體補習班利益一起考量的方式是老師需要學習的思維。

每次的牌都不一樣，
每天的生活也都不一樣

　　玩撲克牌不管拿到什麼牌，每次拿的總不一樣，人生也

是如此，每個階段性都不一樣，要做的只是把牌打好而已。每天一早起床，面對可能的變化，順利或不順利，總是必須開始處理，但絕不是處理完就好，而是要處理好，就像打牌，不是只有打完，而是把今天的牌打好。

當然就像打牌，事情的處理方式有公式可循，一下子攻，一會兒守，內外兼備，攻守俱佳，大丈夫能屈能伸，把握住大方向，不計較小事，基本上就能打出一副好牌。再者，經驗累積也是相當重要，若今天拿到一副爛牌，如何扭轉乾坤，將今天的爛牌打成還不錯的好牌，往往是一瞬間的觀念，只要判斷正確就可能化險為夷，期許所有老師都能磨練出一身功夫，不管今天拿到的是什麼牌，都能打出一副好牌。

成功者抓機會，失敗者躲機會

在補習班裡，有新生來了解，代表的是一個機會來了，但卻有兩樣情，聰明積極的櫃檯行政人員認為太好了，要把握住機會讓他當場報名，不要讓他再有機會踏進其他補習班。而不聰明的櫃檯人員則想：「我今天要處理很多雜事，這個時間來造成我的困擾，真煩！」自然臉色就不會太好，介紹補習班也馬馬虎虎，白白讓機會溜走。

同樣的，一位老師聽說有一位新生將入班，聰明的老師

便會做好充足的準備，包括坐位的安排，講義的提供，甚至安排什麼同學帶領他、關心他，也讓自己的教學內容更豐富精彩，務使該位同學完全感受這班的溫馨與讀書風氣，但相對的，不聰明的老師會認為：「不要不要，這學生聽說很難教，不要來我這裡！我帶太多班了，好怕！」這樣的老師相信在教學上容易得過且過、能省則省，就是怕麻煩，最後連基本的教學內容都省略了，對學生的影響甚大。

　　對於一位老師來說，若有更高的志向，自認為準備好了，就可以朝開補習班的目標邁進了，好好規劃籌備，超越突破自己，受到班主任的激賞，就要更努力，必要時聽取班主任的意見，看完這本書，說不定就碰到機會了！

274

經營要看到三步棋後

　　一般大企業的營運，看的不是眼前的利益，必須設立長遠規劃，未來五年、十年的目標是什麼，有時眼前的損失並不一定是損失，就補習班來說，損失了一、二位頑劣份子換來的可能是更好的口碑，在招生設定的目標中，不可只看增加了100人、200人，也要規劃到數年後這批學生的榜單如何，身為一位經營者，應具備宏觀、分析的能力，不短視、不近利，以開放的心胸規劃未來才得以成功。

山下到山上，要很多條件

　　沒有人能夠完全不喘一口氣，一鼓作氣從山下爬到山上，因為喘氣是必經的生理過程，沒有這道過程對身體有絕對的傷害，因此，藉由喘息，喝杯水、休息一下，補充能量，讓自己上山的路更順暢。

　　在奮鬥的過程中，每天都累積一點點進步，但有時是退步的，也不必擔心，因為這都是必經的過程，沒有人一直被老闆賞識，有時也會有因一點點小事情被老闆唸一下，重要的是抱持著爬到頂點的心情，守住謙卑學習的精神，無論經歷多少喜怒哀樂，都可以讓自己再往上爬一點點，這都是上山的條件，一旦抓住適當機會就到達目標了。

尊重工作

　　每次我都選擇同一家洗車場洗車，並不是這洗車場設備有多新穎、裝潢有多豪華，相對的，這家洗車場只有最普通的設施，但洗車工人卻是穿戴整齊，白色的制服、合宜的布鞋，而最令我讚賞的就是那專注的神情，一種對這工作的執著與熱情，加上謙卑的態度、笑容滿面，總是讓我感覺他正從事著全世界最美好的工作，這是一件不容易的事，因為多數人對這工作總是抱持著可有可無的態度與無所謂的心情，

因此，穿著汗衫、腳夾拖鞋就上場了，惡性循環於是乎產生。

　　現在社會上許多行業都有鮮明的制服，對於提升企業形象產生明顯的效用，我也樂見許多計程車車隊為了維護形象，也規定司機穿起白襯衫，打上領帶，讓人耳目一新，相信乘客不知不覺也增加了舒適感。

　　正視這份工作的老師，對於各項細節自然也能處處用心，讓學生感受到老師的專業與熱情。

對自己負責，踏實過日子

　　有句俗諺：傻人有傻福。在這兒當然並不是指真傻的人，而是處處不計較、不投機取巧，腳踏實地完成工作的人。看起來似乎沒什麼了不起，只不過對於處處講求捷徑、凡事能省則省、得過且過的現代社會來說，這現象已經極難能可貴。

　　在補習班工作，我習慣每天教完書，接著進行輔導，輔導完進行電訪，然後將點名簿一一檢視，對當天未到學生進行了解，再將一些雜事處理完，當天的工作便告一段落，心裡充滿踏實感，這樣心中的快樂遠比任何事還通體舒暢。其實，從事每項工作都一樣，謹守份際，該完成的工作都完成，每天心情愉悅，就是努力工作最好的回饋。

勞力之餘，更需勞心

　　一般說來，補教教師給人的印象亮麗風光，站在講台上，短短二小時便有極高的進帳，比起一般計時的工作簡直天壤之別。這樣的繆誤觀念也深植於欲從事或已從事此行業的補教老師，果不其然，通常抱持此種想法的老師最快遇到挫折，若非重新詮釋此行業的真義，否則就只有黯然離開的份了。

　　「台上一份鐘，台下十年功！」能夠被詮釋這樣的情境最多的是電視裡的主持人，觀眾往往只看到主持人能言善道、臨場反應一流，輕而易舉就能掌控全場，然而，這些主持人在私下不知練習了多少遍，吃了多少苦頭，忍受了多少冷言冷語才有台上的表現。相同的，補教老師一樣必須走過這一遭，才得以堅定地站上講台，否則就只有心虛的份了。

　　因此，誠心給初入補教界新鮮人一個永遠適用的法則，「凡事起頭難，漸入佳境從頭起！」沒有一點一滴的基層經驗，不可能爬到頂端，沒有經歷過備課、點名、輔導、電訪、行政、清潔、交通指揮、發文宣，不可能成為名師，沒經歷過挫折、失意、痛苦、失敗，不會有甜美果實。

社會責任好品行

　　近來許多補習班的文宣裡，我看到了不一樣，除了注重包裝的課程、師資外，許多補習班的師資紛紛大打俊男美女牌，擺出的pose簡直已經與電視上的一線藝人沒有兩樣，我不禁想，這樣有助於教學嗎？有助於招生嗎？或許見仁見智，畢竟坐在台下的是正值青春年華的追星族，也或許有人不屑這種招生行徑，但這已經形成一種風潮卻是事實。

　　最近另一件常上新聞版面的事件便是補教老師私生活不良被踢爆。而補教老師與學生的感情糾紛最為普遍，常落得當事人身敗名裂，也造成補教業的名聲更為雪上加霜。我相信大部分的補教老師皆是潔身自愛，卻有非常少部分的老師心懷不軌，利用職權，或利用學生對老師崇拜的心理，找到那特別的迷戀的神情，便鎖定目標下手，完全罔顧身為人師該有的自重。因此，奉勸補教老師，當自己即將深陷此情境當中時，請立刻回頭，為時不晚，否則必定自毀前程，毫無立足之地。

模仿別人，不如自立風格

　　在補教界，常有師徒制，在師父的諄諄教導下，羽翼漸豐，但別忘了，即使自己和師父最親近，能夠完全吸收師父

的所有知識，還是要做自己，走出自己的風格。

因為模仿，無法清楚知道自己要帶給學生的是什麼；因為模仿，無法靜下心來好好想自己的路線；更因為模仿，始終瞻前顧後，無法好好教書。因此，對於其他老師優異的教學風格可以學習，但不要照單全收，照單全收就等於完全沒有咀嚼，囫圇吞棗。學習的過程必定經過消化，成為自己的東西才算數。

有的老師藉由看其他老師的教學DVD慢慢學習，這是個不錯的方式，但學到的僅僅是教學的內容、順序、表達方式，但語氣、轉折及流暢度是無法完全照單全收的，而教學的精要往往取決於這些細節之中，因此，若是經由DVD學習其他老師的教學方式，仍然必須自己消化，甚至對著鏡子教授一遍。

勤快讓人疼

一位老師任勞任怨，總是利用自己時間為孩子做更多的輔導，後來在補習班的尾牙中，身為班主任的我不自覺心偏了一邊，默默祈求老天爺能夠讓這位老師抽中頭獎，後來果真抽中，我暗自竊喜：「天公疼好人！」

當然這只是巧合，天意無法控制，人意卻可以控制。一位努力奮鬥的好老師，老闆其實都看在眼裡，但，在有些情

況下，老闆有諸多因素無法適時鼓勵這位老師，老師也不需認為自己的努力不被看見，有時藉由許多蛛絲馬跡，老闆就會知曉哪位老師付出多少，老闆也很容易獲得來自四面八方的訊息，憑經驗就可以了解老師幹了哪些好事，除非這位老闆非親身視事。

從家長身上學習

　　有人說：「在教學現場久了會變笨。」或許這是可能的。有時我們看到新聞，詐騙集團得逞的竟有許多是孜孜不倦的老師，將其大半積蓄通通騙光，最為之氣結的是，這些騙局完全沒有新意，平常人輕易就能夠嗤之以鼻，不屑一顧，但卻騙倒了從事教職多年、擁有令人稱羨的學歷的教師，實在令人跌破眼鏡，為何會如此呢？我們不禁要說，有部分老師的確認真，但窩在教學的小框框裡，好像與外界不再接觸，自成一格，久而久之，世事似乎皆與我無關，其實這是相當危險的，很容易就會與社會脫節，甚至成為了生活白癡。

　　要解開這一鎖鏈其實很簡單，多跟家長接觸就對了，家長來自各行各業，各有不同的專長與處事風格，很容易獲得訊息。過去有些老師總是高高在上，自認為家長無從學習，進入到現今社會，人民知識水準皆普遍提升，老師也少會抱

持這樣的觀念了，因爲在家長身上，往往學習到的經驗遠比任何經驗還珍貴。

有位家長從事保險業，總是能夠提早一步想到客戶的需求，從這位家長的身上可以學到她的耐心，她總是願意傾聽老師的建議，也非常願意配合補習班各項要求，相對的，她的孩子也總是沉穩大方，遇事不扭捏，總是散發比同儕成熟的氣息。這位家長讓老師學到了傾聽，原來先傾聽再敘述自己的看法力量會更大，溝通更容易。

不過，從家長學到的也許是反面教育，有些家長幾近偏執的態度也爲我們上了許多課。過去有位學生與同學相處，喜歡耍手段，用心機，並以威脅恐嚇的語氣與同學相向，後來與某位同學起了嚴重衝突，在排解過程中，這位學生的母親不斷介入，讓事情更趨複雜，也堅持自己女兒沒錯，完全是對方造成的，結果雙方都以離開補習班收場，後來得知這位母親也以同樣的模式干擾孩子在校的師長，要求老師必須特別對待女兒，並處處干擾老師教學方式，讓師長不堪其擾。

事情過後，若以正面角度思考，也讓我們學習到面對不同需求的處理方式，在可以接受的範圍內盡量配合需求，一旦超出合理接受的範圍，便應堅持己見。

老師尊嚴

　　有時常看到老師在帶班之初，與學生互動良好，對老師愛戴有加，但漸漸的，整個班級好像有些不對勁，秩序控管已不如以往，學生也開始對老師有所微詞，我們笑稱蜜月期已過，原因在於對於逾矩的學生老師無法控制，遵守規定的學生無法安撫，老師只是一味地兩邊都討好，最後演變成四不像，最大的問題在於老師無法適時展現出威嚴，在學生眼中，老師只不過是可以欺負、可以討價還價、可以隨便的對象，簡言之就是可以任意爬到老師頭上。

　　老師與學生親疏關係的拿捏非常重要，對學生好卻又不失尊嚴，好像慈母又兼嚴父的角色，處理學生事務有擔當，不失公平，讓學生佩服。因此，老師的尊嚴的建立在獲得學生的尊敬，在互信互敬的基礎下才能恆久。

老師教導正確讀書方法

　　這是很容易被老師疏忽的一件事，有時，老師只憑學生的成績高低便斷定是否用功，只要成績不好，便直接認定學生肯定不努力讀書，偏偏有些學生在家裡其實很努力，也依照老師的交代複習功課，花費的時間一點都不輸給成績優秀的學生，甚至更多，成績單發下來卻總是不如意，不用懷

疑，這肯定事有蹊蹺，大部分的原因必定為讀書方法不正確。

　　許多老師常誤以為讀書是「要不要」的問題，而非「行不行」的問題，起因於老師通常在求學過程較順遂，壓根沒想到會有這種問題，也不懂得孩子面對這樣的問題如何協助他們，舉例來說，某位學生明明很用功，成績仍然無法改善，後來發覺這位學生做題目很少對答案，更沒有訂正。有些學生則是讀書習慣錯誤也導致成績不佳，例如先做其他事，等到很晚了才熬夜讀書，邊打瞌睡邊記誦，能將所讀的內容映入腦海才有鬼。

　　另外，有些學生做數學題目，常因為覺得太簡單，省略了好幾個步驟，一下子跳到答案，有些老師認為，沒關係，只要他答對就行了，但，正確的方式是每一步驟都應交代，如此才能讓學生養成習慣，將錯誤減至最低。

　　因此，老師切莫以結果論斷定學生，應以更大的心思了解孩子成績低落原因在哪裡，有時，在課堂上放下教學，花個幾十分鐘與學生探討讀書方法，相互分享優秀學生的讀書方式，藉機讓其他學生見賢思齊也不錯。

不放棄孩子及自己

　　有位同為開補習班的主任有次與我聊天，私下告訴我，

他算一算該補習班約有三成的學生早就被老師放棄了，在學校和補習班都被放棄，來補習班只是補心安，老師也只是睜一隻眼閉一隻眼裝做沒看見，應付了事，課堂上讓學生練習題目時自動跳過這些學生，課後輔導也直接放棄安排他們的時段，該補習班定義這些學生存在的功能在於增加財庫，對學生來說則是廣交朋友，拓展人際關係，其他則無任何作用可言。

我聽了頓時啞口無言，不知如何回應，心裡只想著這些孩子難道就真的沒救嗎？他們真的甘願被放棄嗎？他們的父母若知道自己的孩子被歸類為這一群做何感想，還會讓孩子去補習嗎？種種疑問浮上心頭，補習班難道只看到眼前的利益，不需負擔任何社會責任嗎？

沒錯，照顧程度差的學生花費的心力的確是備極艱辛的，又常常徒勞無功。記得以前有位國二學生在補習班補習，在下課時間常來問我問題，我細心為她解說，當下她也能完全明白這問題，說完不到三十秒，還未走回至教室，這學生已經全部還給我了。她的成績始終殿後，但每次來問我問題，我仍然毫無保留為她解說，因為我絕對不忍心見到一個孜孜不倦的背影被任何師長放棄，後來這位學生畢業後進入高職就讀，卻在鋼琴上發揮了才能，回來補習班時我看到了她的自信，她說未來想要出國繼續學習。這一段故事我不斷地說給學生聽，因為，每位孩子都不是朽木，絕對可以雕

刻，重點只是用什麼方式，若演變成學生無所謂，就不可能會有學習效果了，放棄學生也就等於放棄了老師自己，拯救了學生也就等於拯救了自己。

履歷、學歷均重要

　　幾乎所有的企業都一樣，不管是多麼知名的大學畢業，初入社會工作，底薪絕不可能太高，而且幾乎都離最低薪資不遠，原因是學歷不代表能力，在補教這一行業也一樣，班主任看重的履歷和學歷其實一樣重要。

　　若以一位從沒有進入職場工作的大學畢業生來說，第一份工作代表的可能要含公司的培訓成本及無法立刻上線的損失，這些都是薪水不會高的原因，再者，若該位老師不滿試用期就離開，補習班又必須負擔更多損失。

　　在教學面上，著重的是實際帶班的經驗，縱有最高學歷的自信也比不上沒有好學歷，卻有豐富教學經驗的老師，因此，由基層做起是絕對必要的，許多學歷耀眼的老師卻無法勝任簡單的工作都是因為好高騖遠使然，最後只有被捨棄的份了。

　　老師身處於哪一個位置很重要，在一家補習班裡，應該先了解自己的職責、工作範疇，進而了解補習班的文化。有時，若自己做的能比補習班要求的還多一些，都能令人刮目

285

相看喔！創造自己的價值就從這一刻做起吧！

老師的影響力

　　筆者小時候在日記本上被老師寫上：「寫得真好！以後一定可以成為大作家！」隔天，也因為這篇日記被叫到老師前，摸著頭鼓勵，這個被摸頭的記憶至今都深深烙在心坎裡，雖然現在沒有成為大作家，但從事文教事業卻有許多動筆的機會，無論在編寫教材或製作講義上皆如魚得水，數十年來在寫作上絲毫不敢懈怠，這都要深深感謝老師當年的鼓勵。

　　另一件至今仍難忘懷的回憶是，國中剛入學時的導師，以為我是一位高手，直到第一次段考，成績排十四，老師仍然要大家對著我鼓掌，因為他深信我並未發揮真正的實力，若沒有老師這番鼓勵，我相信自己就只有這樣子的成績，相反地，從此以後，自己幾乎從沒有掉到十名以外。

　　我一直堅信，不管自己是一般老師或是補教老師，也不管是教哪一階段的老師，教導學生觀念比知識來的重要，這觀念包括做人、做事、人生大道理，知識有時會隨著時代的變遷而變得微不足道，但教導正確的觀念可影響他人一輩子，試想，當我們回憶學生時代的好老師，可能都不是老師教了什麼內容，而是他曾說過哪些話、鼓勵過自己什麼事，

286

教育無界限
補教師資有一套

因此，老師幾乎是肩負最重要的責任，這是天職，應該要努力維護的天職。

對分數是否分分計較？

　　有位老師對學生的成績要求採取分分計較的方式，少一份增加一項處罰，如罰站、抄課文、不准下課……等，讓我想起與早期的老師對待學生少一份打一下有異曲同工之妙，只是這樣的方式用在現在的教育中是否恰當值得探討。

　　對於一位老師，檢視一個學生的進步情形便是成績，但是，對成績若過於斤斤計較不但傷害學生，也認為老師不免過於苛刻，但若不計較學生分數又會讓學生對學業表現出無所謂的態度，過與不及皆不可行。因此，正確的認知應是讓學生知道老師很重視分數，但是建立在關心的角度，不是為了處罰。建議老師可以在分數處理上多些彈性，例如學生可用任何方式彌補缺少的分數，例如可以補考，或下次以進步的分數考回來，或以學校的成績證明自己的進步，或者以交作業的方式取代分數。當班上建立這樣的共識，有些學生便可以化被動為主動，為自己積極爭取分數，達到良性循環的班風。

287

不體罰為準則

有位老師至某個補習班教書，接一個舊班級，第一次小考考完時，90分以下的學生自動走到台前，拿著自己的考卷，雙手舉起，手掌向上，一副準備接受老師懲處的姿勢。老師追問之下，原來上一位老師都是這樣教導學生。

老師問：「最常被打的是誰？」結果全班不約而同指向最後座的一位高大個兒。於是老師問這大塊頭：「被打完下次考試有進步嗎？」該生心虛地說：「從來沒有！」老師心裡想：「這位老師真是白打了！」

老師於是轉頭又問：「那你們受到懲罰後，回家會努力讀書嗎？」同學面面相覷，回答不上來。

根據調查，體罰對於學生大部分是完全沒有幫助的，並且在家裡常被體罰的學生行為上反而較為暴戾。有位家長來補習班告訴老師，說如果他的孩子不乖，老師儘管打，因為如果孩子不乖自己也會打他，聽了家長這樣說明，老師恍然大悟，得來全不費工夫，原來該位學生易暴躁，常與人有肢體衝突，並且愛說謊，其實都可能與受到體罰有關。

兒童時期常受到嚴重體罰的人，其大腦額葉萎縮程度高過未受過體罰的人。而大腦額葉與人的情感、語言表達相關，所以體罰勢必會對其成長產生影響，甚至影響他們的情感、脾性和對社會的認知。另外，學生在遭受過體罰後，為

了不再受體罰，往往會採取措施逃避體罰，從而開始說謊，或者掩飾真相來逃避師長對自己行為的了解。

體罰雖會獲得孩子短暫的聽從，但卻是不甘不願的心態，及想要報復的心情，各位老師，記得，欲速則不達，若體罰有效，則這個世界就不需要老師了。

欣賞孩子的優點

以前補習班有位學生，愛耍流氓，常是問題人物，令人頭疼，但總喜歡找我聊天，認為身為主任的我對他最好，有次這位學生說他認識一些大一點的朋友，喜歡刺青，但他自己絕對不刺青，因為怕長大後，字或圖案會暈開，變得很醜，所以不喜歡刺青。我說這論點我還真是沒有聽過，不過，我拍拍他的肩膀：「你還滿有美感的嘛！」這孩子笑著離開。

數年後，這孩子回來看我，說自己就讀高職美工科，讀出興趣來，我真為他高興，不過還是不改流氓的口氣就是了。

也曾有位學生，家長有次聊天中提及，他的孩子原本就讀某學校，是學校老師眼中的壞學生，學業低落不說，在校愛捉弄人、上課愛搗蛋，老師常向家長抱怨孩子在校又惹出什麼麻煩，後來這位家長將孩子轉學，結果沒料到，孩子功

課竟突飛猛進，成為班上的資優生，他詢問老師怎會這樣，老師回答：「你的孩子本來就很優秀啊！」一點也不像是矯揉造作的應付話語。原來這位老師眼中盡是看到孩子的優點，學生上課喜歡提問，在前學校老師眼中就是搗蛋，而這位老師卻很有耐心引導學生找出答案，同時，老師也善用這位學生愛表現、重視榮譽的心理推選他擔任班級幹部，這位學生受到了鼓勵，有如裝了噴射引擎重新定位自己，努力向前。

　　因此，若孩子處處被嫌，失去自信後，絕對無法做出好事情，相反的還會做出意想不到的壞事情，相對地，有些孩子的優點是等著去發掘的，相信每位學生都有優點，再發揚光大，學生問題就會慢慢減少。

不要A同學比B同學

　　許多老師最常犯的錯誤之一即是拿學生互相比較，這是心裡話語的體現，怎麼說呢？相信大部分老師心裡都有一張排名表，班上哪些學生屬於前段、哪些屬於後段，甚至這班比那班強都瞭若指掌，但這是放在心裡的，若以不適當的方式說出來便會傷害學生，例如：「王小芳，妳就不能學學陳小倩嗎？妳看她成績這麼好，人又漂亮，脾氣又好，妳要是有她的一半我就心滿意足了……」又或者：「我就是想

290

不透爲何你們班總是表現得比A班還差，你們又沒有少一根筋……」

　　也曾經看過學生哭哭啼啼對老師說：「老師，因爲你，我不想來補習了！」原來這位學生有一位哥哥也曾經被這位老師教過，哥哥表現相當優秀，最後上了第一志願，而妹妹卻與哥哥千差萬別，老師用比較的語氣對妹妹說：「爲什麼出自同一家庭卻會差這麼多，妳哥哥如此優秀，請妳回去學學妳哥哥吧！」在教學現場有時不小心傷了學生的自尊而不自知，老師應特別注意。

教學要變通

　　每位學生的資質不同，理解力也不同，更在後天環境的差異之下，對於事情的認知也不同，老師要全班學生畫一個圓，接鄰邊外畫一個正方形，正方形四個角再頂住一個圓，結果畫出來的樣式可能高達數十種，許多學生聽了老師講解還是霧煞煞，並不是學生不認眞，而是對於這一題的背景知識不夠，老師不可一味以爲學生就是聽不懂，自己也沒有辦法，也許轉換個方式教授，情況就可以大爲改觀，因爲教學是活的，如果老師從生澀的舉例變成學生能夠接受的範例，並且能以生活化的方向舉例，例如A比B的速率相對比較問題，改爲大華和小明比賽騎腳踏車，相信會讓學生更能接

Accumulated Experience; Each phrase a gem

受。其實老師多用一點心就可以讓學生了解更多，即使是多一位也好。

行銷自己

　　行銷可說是企業活動中最貼近消費者的一個領域，行銷的基本概念「在於了解並提供顧客需求的產品或服務」。將任何一個名詞套入行銷似乎就可算是一個專業領域，如電話行銷、品牌行銷、個人行銷等等，行銷似乎無所不在，關鍵只是在於如何發揮到淋漓盡致。

　　其實每個人的一舉手、一投足皆是行銷，這是一種所謂的無感行銷，有人教學能力很強，讓學生一聽就懂，老師便可利用自身的特點推銷自己，告訴學生想要學好，就要來補習，因此，換句話說，要使來補習的人數增加，絕不是只靠補習班單方面的招生，老師也可以打頭陣，將自己行銷出去，就是一種負責的表現。

自己規劃退休生活

　　在快速變遷的社會中，人所從事的工作再也不是全然都朝八晚五，六十五歲退休才算標準，越來越多人選擇走不一樣的路，也並非一輩子全待在同一家公司才算忠誠。而補教

教師剛好介於學校老師與民間企業之間，一般來說，學校老師因為有穩定的退休金，不需要太擔憂退休後的生活，唯要考量的反而是如何妥善運用退休後的時間。而有些民間企業又顯得不太穩定，許多人不敢想如何安享退休後的生活，唯有補習班，規畫退休制度可以讓自己朝目標邁進，不像大鍋飯一視同仁，有表現基本上就可以有不同的待遇，因此，身為老師一定要讓自己多累積經驗，無論是提早退休或準時退休，都有足夠的資糧度過餘生。

感恩學生、家長、同事

　　以前年輕創業初期，對於許多觀念認知，都與現在不同，年輕時意氣風發，直覺天地踩在腳下，再也沒有什麼人比自己更了不起了，對於許多人常感謝這感謝那覺得很奇怪，尤其看到電視上越是大企業老闆越感謝每一個人，心想，不都是他一人努力奮發才有這樣的成績嗎？後來，逐漸體會到原來不是這麼一回事，一個人有任何成就絕對需要靠許許多多的人從旁協助才有今天，哪怕是一張紙、一支筆，都是集合眾人的力量才可以輕易取得，或許有人會說：「這有什麼了不起，有錢就能夠買得到呀！」最近有個報導，北韓因為實施極端共產主義，人民生活陷入空前的危機，處處都有饑荒餓死的情事發生，即使連一支筆都很難生產製造，

293

在二十一世紀的現代，竟還有這樣的國家與人民生活。

曾經有位朋友告訴我，他參加某婚禮，新郎是從國外鍍金回來，風度翩翩的美少年，在發表結婚感言時，他感謝許多朋友，卻獨缺感謝自己的父母，令在場的父母很沒面子，我想，這孩子是白養了。

不懂感恩的人成不了大事業，在教育的路上尤其更甚，許多新生代的年輕人沒有這些觀念，難免令人擔心，視許多恩惠為理所當然。這是整個國家社會出現了問題，在某個環節脫落了，因此，唯有靠再教育，推展更精緻的社會人文，才有可能挽回頹勢，補習班亦責無旁貸。

補習班倘有一點點成績，學生學業蒸蒸日上，絕非班主任一個人的功勞，整個補習班成員都是小小螺絲釘，從老師、行政、學生、家長皆居功闕偉，扮演著最重要的角色，若此觀念擴及至每一個人，相信就不會自私自利，不再有紛爭。

文字可以刻在心裡

一個老師面對班上眾多學生需要關心，學生有時在時間分配上是個大問題，總難做到盡善盡美。老師忙於教學，難得與學生說上一句話，這時對孩子的鼓勵可以訴諸文字取代，一段鼓勵的文字可以讓孩子牢記一輩子，受用無窮。相

對的，一段損人的文字也可以讓孩子對老師的負面印象牢記一輩子，眞的印證文字的銳利。

不經一事，不長一智

常聽到許多新進老師抱怨，爲什麼工作多到做不完，爲何這麼多瑣碎細項樣樣不能跳過，甚至抱怨這是班主任故意折磨新老師的伎倆，我聽了總是哈哈大笑，班主任果然學會了「阿共的陰謀」這一招。

新進老師根本不用怕這麼辛苦，因爲這一切在未來都是值得的，在這個領域接觸、處理越多事，碰過越多棘手問題，表示自己又向上爬了一階，每次處理完一件學生的事情，尤其是與先前不同的事，心中總是感到順暢，總覺得又賺到了一次寶貴的經驗，一定要遇到才知道如何處理。

我在一次修車的過程中，深深感受到優良修車技師的功夫是如何造就而成的。因爲自己的車引擎室內在不明原因下產生怪聲音，於是駛進平時常去的保養場，這位深獲我信賴的技師檢修了一整天，致電對我說他查了變速箱、油路、齒輪……等我聽不懂的系統，幾乎將整輛車翻了一遍，仍未查到出怪聲的眞正原因，可以聽得出這位身經百戰的老技師心情相當沮喪，他說：「你可以再給我一天的時間嗎？我一定要找出眞正原因！」我欣然同意，一定要好好爲這位認眞

295

的人打氣。又經過了一天，他又致電說已經找出原因了，並且立即展開修復，雖看不到這位技師的表情，卻可以聽得出雀躍的口吻，交車時他反而感謝我，因為深入的檢查，他又學了一招，下次遇到同樣的狀況就可以立刻判斷哪裡出了問題。

在帶領學生的過程中，事情總是層出不窮，甚至比車況複雜千萬倍，因為車是死的，人是活的，幸好人擁有記憶，也擁有修正能力，同一件事情再發生時，或許不會與上次事件一模一樣，但因為已導入記憶模式，就會有方法解決，但先決條件是願意欣然接受這些挑戰。

社會好風氣、行善須持續

過去發生一件令人震驚的事，大陸一女童連續被二輛車輾過，血泊躺在路中間，有18人經過，卻沒有一人伸出援手，直到一位拾荒老婦看到才抱著這女童到路旁大喊救人呀！

後來經過人肉搜索，找到肇事司機，竟說，撞死人賠的數目還低於撞傷殘的數目，於是乾脆後輪也輾過去，而路過視而不見的民眾也被指認出來，這些人有些說沒看見，有些說不想惹事，也有些看到血淋淋的女童很害怕而逕自走開，這女童經過幾天的急救無效而離開人世。

這女童彷彿是位菩薩來告誡人們，這個社會生病了，人心變得冷漠、冷血，希望大家得到教訓。只是，這個新聞事件就像一顆汽球，本來很大，每個人都看見，但漸漸地越來越小，最後完全漏盡，在人們的心裡短短時間內便煙灰燼滅。

　　每個人都對社會有責任，近幾年來我們看見許多企業贊助弱勢、公益團體不遺餘力，身為教育界的一份子也不應缺席，若每人自掃門前雪，其實很危險，有一個廣告似是這樣的，一個老闆原本希望孫子趁家教欲放假時陪他玩，於是打電話給助理請其代為出差，於是助理告訴女朋友說他不能陪她了，於是這位女朋友（剛好是孫子的家教）告訴孫子不放假了，繼續上課，於是，孫子告訴爺爺，不能陪他玩了。這個連環故事很有趣，但意義也深遠，人與人之間的連結性都超乎我們的想像，人不可能完全獨善其身，只要動個念頭，不管是好的或壞的，還是會投射回來自己這裡。因此，行善其實也是為了自己，點了一盞小小燭光在適當時機就會大大發光。

品格教育不容忽視

　　最近某最高學府校長對大一新生提出「四不」，即不作弊、不亂停腳踏車、不抄襲作業、不蹺課。如果不仔細看，

還以為是某國中老師對學生的訓誡，結果卻是發生在大學裡。

這言論顯示國民教育出了問題，反映的是學生在大學之前「只學到考試」，學生在生活、品性及道德等方面的學習都被忽略，的確，一位學生接觸到的訊息比早期多太多了，混淆了真正的價值觀。教育當局也應誠實檢討當今的政策是否有缺失，前一陣子某小學，某班的老師要求全班每位孩子寫出最喜歡及最討厭的三位同學，令人匪夷所思，這好似又回到威權時代一不小心就被告發、人人自危的時代，此等做法是對品格教育最壞的示範。

此外，父母在孩子的品格教育中也責無旁貸，某位學校老師告訴我，班上曾經發生考卷失竊事件，作業簿也被亂翻，一直找不著凶手，後來調閱監視器，竟發覺失竊前一日是星期日，該班一位家長藉故進教室拿學生作業，除此之外別無他人，因此可以合理懷疑這位家長所做所為。另外一次，這位家長亦趁放學時間，進入教師辦公室，在孩子的導師辦公桌抄抄寫寫，似是抄寫全班成績，被其他教師撞見才縮手。

孩子的品格教育除了學校教育與社會教育外，家庭教育亦是重要的一環，父母是孩子的第一位老師就是這個道理，不可不慎。

熱情到最後

　　一位學校老師的教學生命大約為40年，不過在補教界，因為多為晚上或假日授課，備極辛苦，在教學現場若能持續不懈30年已屬難能可貴，大多數繼續在這崗位的老師學而優則仕，擔任起經營者的角色，無論是哪一種，唯有熱情能夠不斷支持這股力量，否則就只有退出戰場的份了。

　　此外，我還看見許多學校老師，退而不休，還是回到校園擔任志工角色，對學生的熱情依然不減，對教學的執著依然不變，並且，又增加了一份解脫束縛的自在感。

　　熱情的老師往往不分年紀，這是心態使然，對一位老師來說，他對教育的熱忱不只反映在講桌上，而是隨處散發出的氣質，早已與個人生活融入，因此，不可能因職務卸下說停就停，所以有一些人退休了卻越來越忙就是這個道理。

　　熱情到最後是一種幸福，表現出心無旁騖，運用智慧安排自己，對學生來說，更是一大福音，這正是讓學生看到老師的堅持的直接景象。

平凡人生、怡然自得

　　一個經過大風大浪的人，在繁華落盡之後，心中其實最渴望的莫如沏一壺茶，靜靜地看著遠方美景，享受著微風吹

拂，時而聽著蟲鳴鳥叫、時而閉目，如此過著一整天。

在補教界，有時總會聽到爲了爭取某個學生，彼此鬥個你爭我奪，最後兩敗俱傷，朋友做不成反成仇人。又或爲了經營權問題，常見到某些補習班在報紙大登廣告，控告對方不實榜單或不實師資，雙方你來我往互不相讓，讓旁人霧煞煞，也使人貽笑大方，這些事情總是層出不窮。

曾經也有一些補習班的主任，在補習班經營得有聲有色，占有一席之地之際，急流勇退，轉行開起民宿，或經營餐廳，因爲過慣了爾虞我詐的生活，看透了補教人生，這些退休的英雄不再提當年勇，想必有諸多感觸。當這些人回頭看年輕的生力軍在補教界仍然汲汲營營，拼個你死我活之際，只有搖搖頭，心想：「唉！這就是我年輕的寫照！」

因此，建議有些年輕老師，可以多與老前輩請益，有時在這圈子打轉，反而陷入泥沼中，跳不開固有的思維，經人一指點，反而豁然開朗，沒有什麼事無法解決，只有用無私的心看待罷了！

職業道德

有一位老師在補習班工作，該補習班投注許多精力栽培這位老師，讓這位老師從無到有，教學功力大增，終於逐漸上軌道，成爲一名名師，過了二年，這位老師聲稱身體不

教育無界限
補教師資有一套

好，必須好好休養身體，於是離職。結果不到一個月，竟就在離不到一百公尺處自立門戶，開起同類型補習班，並且招攬的不是別人，正是這位老師在之前工作過的補習班教授過的學生，不明究裡的學生許多便跟著轉移至新補習班，這樣的事件在補教界似乎是屢見不鮮的，很難想像這些自立門戶的老師為了生存，不惜犧牲做人該有的基本原則。

我們絕對相信當一個人對另一個人多一點關心，多一點體諒，處處為對方著想，相信對方也會給予相同的回報，相反的，若這人做出過河拆橋之情事，相信有一天他亦會遭致相同的對待，因此，我們說不是不報，時候未到就是這道理。

培養至少一種嗜好

不同以往，現代的老師不只要能教善舞，若能帶給學生不同的經驗，而這經驗又是經過自己小小的研究，頗有心得，會讓教學如虎添翼。

大多數的學習過程是苦悶的，因此，持續讓學生產生興趣端賴這些小小的武藝。例如研究數獨（sudoku），當課堂進入昏昏欲睡、個個眼皮猶如數百斤重時，老師可以立刻在白板上畫出如九宮格的數獨遊戲，讓學生集體挑戰，這樣子保證瞌睡蟲立刻逃之夭夭。還有老師專門研究各地的特殊

風俗民情，當適當時機說出與學生分享也足夠讓其嘖嘖稱奇了。

即使自己研究的不一定能夠吸引學生，也沒關係，我的補習班有位老師喜歡研究房地產，當學生眼睛迷濛時，他就在白板上畫起房屋平面隔間圖，開始滔滔不絕說起方位、採光、空間利用等術語，並且也提到地段、價位行情，學生似懂非懂、一愣一愣，結果下次上課，學生竟要求老師再多講這些事，還有學生家長來到補習班拜訪老師，就是為了與老師研究房地產。

因此，不管自己的興趣是種蘭花、餵豬、研究風水、倒立、練口技、摳腳指甲都無妨，只要努力培養這些興趣，成為達人，還是有上場展現的一天。

　　大學讀四年，社會大學要讀四十年，當讀完一本書時，覺得這本書裡頭寫的很好，不如將重點劃起來，如果要進步，要學習找出一本書的精髓，而非裡頭每一句都是對的，只要幾句話受用就好。

　　由於每個人的特質、個性皆不同，出這本書的用意在於鼓勵年輕人正向面對工作，所謂的工作在於求完整履歷，不是求多元的履歷，一個人去應徵時，聲稱他什麼都懂，因為什麼行業都做過，那這個人肯定不易被錄取。從事一份工作時不應當跳來跳去，不要當草莓族或海鮮族，只要遇到好老闆，就應緊緊捉住，即使老闆再怎麼囉嗦，還是必須咬著牙做下去，當一隻手指頭罵著老闆時，四根手指頭還是指著自己仍不成才。當然，老闆絕不是十全十美，有的十全二美就很不錯了，但能夠成為一位老闆絕對有一套才能自己開店。就像一位照顧病人的醫師，從見習醫師（clerk）、實習醫師（intern）、執照考試、住院醫師（resident）、總住院醫師（chief resident）到主治醫師（visiting staff）一關關的訓

303

練皆是不斷的努力而來。

　　當一個老闆一定要有三兩三才能營業，每天都必須面對不同的挑戰，老師跟著老闆打拼也著實辛苦，因此，也奉勸補教業者，不要將老師做為利用的工具，應挖掘老師的長才，老闆在每個階段時都須深思，要提攜老師，不是教老師賣命，

　　而身為老師也應體諒補習班，在龐大招生壓力下，老師的付出可能不會獲得立即的回饋，勞資雙方必定能找到相輔相成的共識。

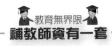

有朝氣的班級氣氛與活動剪影

比賽頒獎，緊張喔……

競賽可凝聚讀書風氣。

萬聖節活動。

306

不給糖就搗蛋！

Trick or Treat!

兒童美語朗讀比賽。

孩子是可造就的！

有朝氣的班級氣氛與活動剪影

靜下來，是老師該要求的。

三明治製作。

在看什麼？在學什麼？

有朝氣的班級氣氛與活動剪影

集中孩子目光，老師成功的第一步。

體育也要並重。

老師是演員，也是導演。

聖誕氣氛是布置出來的。

有朝氣的班級氣氛與活動剪影

312

專業聖誕也會在補習班呈現。

教育無界限
補教師簽有一套

櫥窗布置，用心展專業。

孩子，你好棒！

有朝氣的班級氣氛與活動剪影

孩子的天賦是可以造就的。

聖誕晚會，讓孩子留下最美好的回憶。

教育無界限
補教師資有一套

閃光燈不斷，家長以孩子為榮。

活潑。

有朝氣的班級氣氛與活動剪影

快樂。

潛力。

教育無界限
補教師資有一套

學習。

英文是要聽、說、讀、寫，比賽更不可少。

有朝氣的班級氣氛與活動剪影

戶外教學。

才藝教學。

教育無界限
補教師資有一套

體力、耐力。

影片教學。

有朝氣的班級氣氛與活動剪影

教育無界限
補教師資有一套

國家圖書館出版品預行編目資料

教育無界限：補教師資有一套／滕公聖、林敬
著. 一初版. 一臺中市：白象文化，民101.03
　　面： 公分.——
ISBN 978-986-5979-10-2（平裝）
1.補習教育 2.班級經營
528.46　　　　　　　　　　　101002401

建議售價‧360元

作　　者：滕公聖、林敬
校　　對：滕公聖、林敬
專案主編：徐錦淳
文字編輯：黃麗穎
編輯助理：劉承薇、林榮威
美術設計：何佳誼、賴澧淳
美術副總編：張禮南
副總編輯：徐錦淳
總編輯：水邊
經銷部：林琬婷、吳博文
業務部：張輝潭、焦正偉
發行人：張輝潭
出版發行‧白象文化事業有限公司
　　　　　402台中市南區美村路二段392號
　　　　　出版、購書專線：（04）2265-2939
　　　　　傳真：04-22651171
印　　刷‧基盛印刷工場
版　　次‧2012年（民101）三月初版一刷

設計編印

 印書小舖

網　　址：www.ElephantWhite.com.tw
電　　郵：press.store@msa.hinet.net